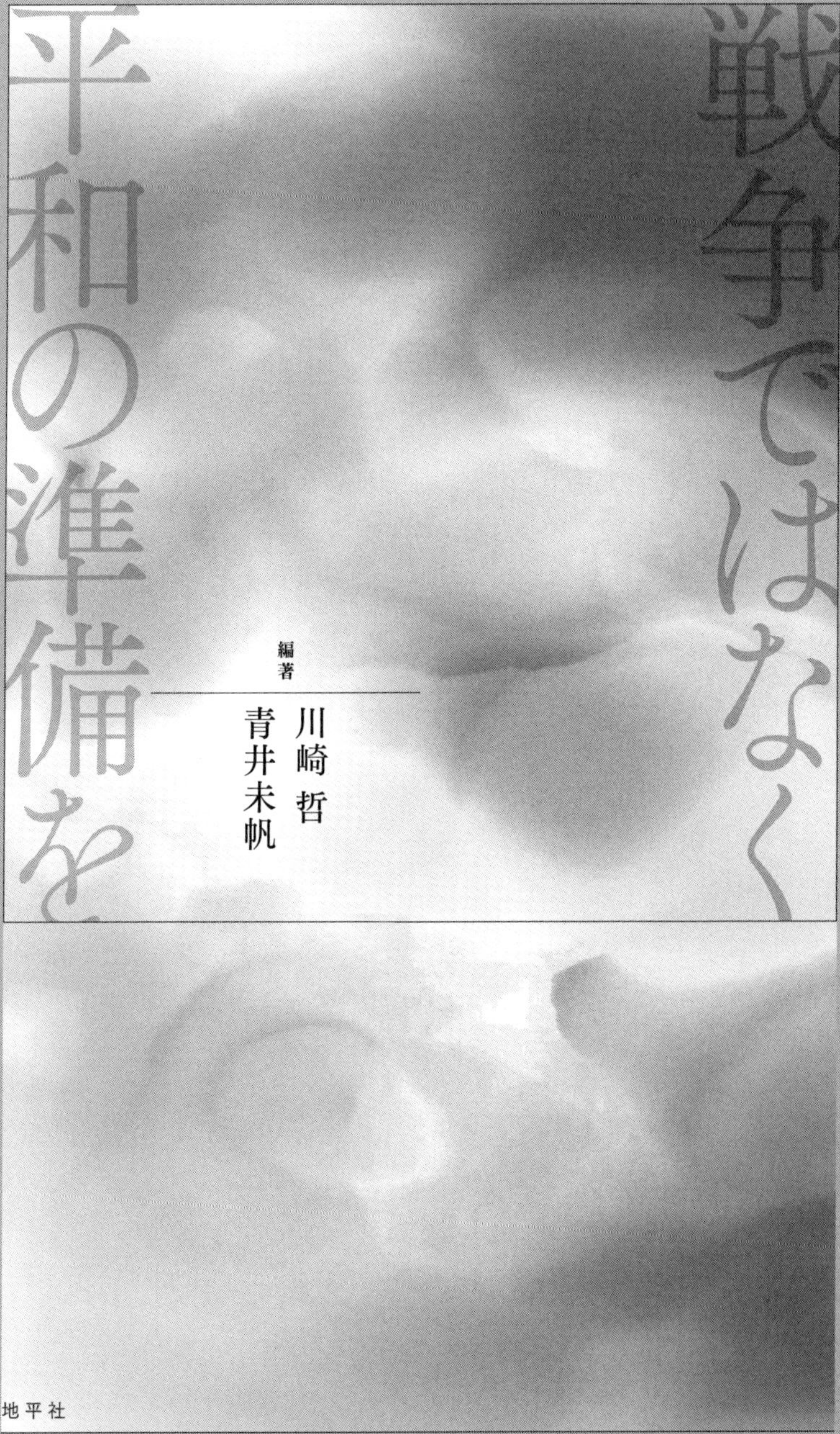

戦争ではなく平和の準備を

川崎 哲
青井未帆
編著

地平社

戦争ではなく平和の準備を……

目次

はじめに

〈侵食〉に抗する粘り強い思考を

青井未帆

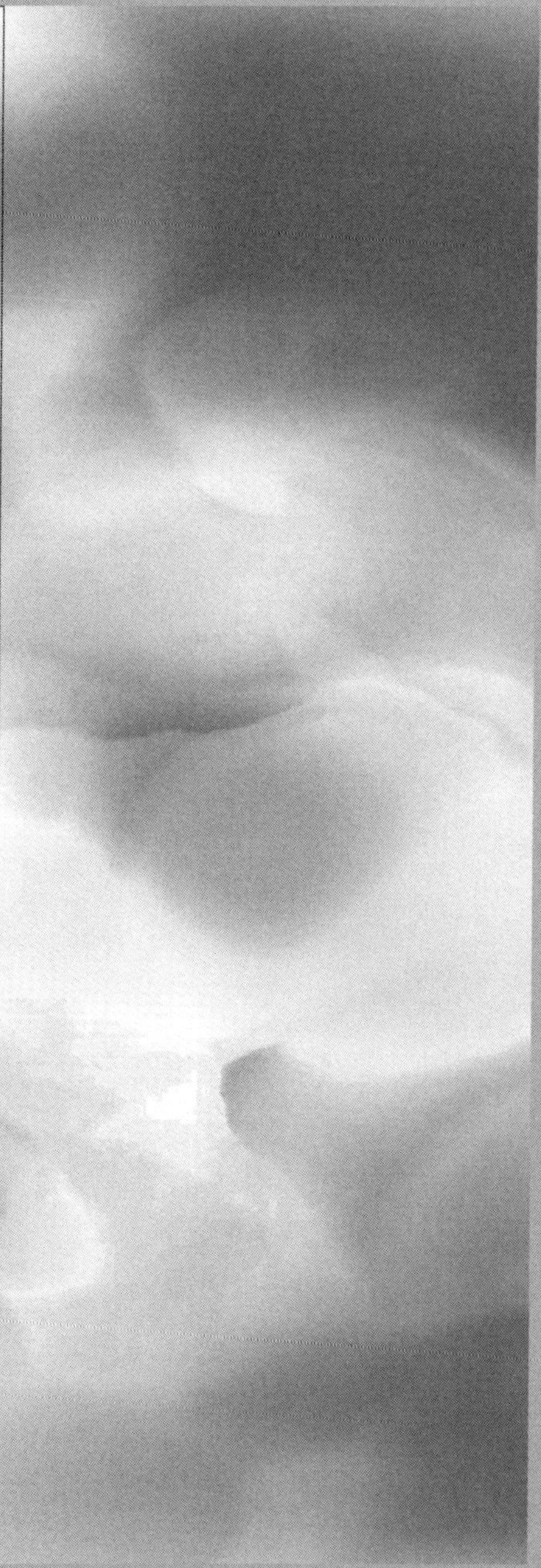

本書は、平和を考えるすべての人々と連帯して、知恵を絞ってゆくための、一つの試みです。

たとえば私たちが「もしものとき」に備えて保険に加入するといっても、家計には限界がありますから、月々の支払いがいくらでもできるわけではありませんが、国家安全保障となると一気に金銭感覚が歪みがちになります。それは国家の安全や安心が無限に拡張する性質を持っているからにほかなりません。平和は私たちの暮らしに直結するのですから、地に足のついた感覚を維持するためには努力が必要です。

「このまま変わっていっていいのか？」

マスメディアやSNSでは安全保障環境の悪化や国益の重要性が盛んに取り沙汰されていて、「軍拡も、仕方ないかもね」とも感じる。そんななか、世界で起きている戦争を伝えるニュースも流れてきて心がざわつき、「これでよいのか」と立ち止まろうかとも思う。でも、ちょっと前と同じ生活をし続けるためには忙しくなる一方で、なかなか考える余裕もない――。

今、この社会を覆っている空気感は、こういう感じではないでしょうか。軍拡への雰囲気づくりは盛んにされているけれど、多くの人にとって、かねて説かれてきた「日本の平和主義」と断絶するまでには至っていない、とまとめられるかもしれません。

〈破壊〉と〈侵食〉

私たち市民が国家の安全保障を、なぜ追求しなければならないのか、そもそも追求ができるものなのかは、決して自明ではありません。国家の安全について適切にリスク評価をするためのデータを持たない市民に、いったいどのような役割が求められているのか。当惑して当然です。判断しかねている私たちの政治社会は、実に良識的だと思います。

でも右のようなモッタリとした状況は、国家安全保障を推進する側を苛立たせるものでしょう。そこで、推進・変革するための対処として、(1)正面から〈破壊〉する手法と、(2)「そっと巻き込んでいって、いつの間にかそれが当たり前にしていく」という、いわば〈侵食〉する手法と、二つの手法が採られてきたものと考えます。

二〇二四年の今年、二〇一四年に政府の憲法解釈が転換されてから、一〇年を迎えました。この間を振り返ると、右の二つの手法が重ねて用いられてきたことがよく分かります。二〇一四年の憲法解釈変更は「従来の憲法解釈の枠内」と説明されましたが、実態は〈破壊〉でした。変更が理屈に合わないのは、元内閣法制局長官や元最高裁判事といった、法律のプロとして、かつての憲法解釈に責任を負っていた人たちすら反対の声をあげたことにも明らかです。どの世界にも「相場」というものがあるのは、皆さまもご承知のとおりですが、法律家の「相場感」を遥かに超える常識外の出来事だったのです。

それでも変更を「従来の憲法解釈の枠内」とあえて政府が説明したのは、（2）の側面も見据えて、じわじわと〈侵食〉することによって、より少ない労力で大きな実が得られるとの判断にもとづくからにほかなりません。実際のところ、その後、安全保障論が憲法論として語られなくなり、二〇一四年以降の政府解釈自体を当たり前に思う人も増えました。

その結果として、どうなったでしょうか。日本はアジア・太平洋戦争後の憲法で、軍事的な合理性に根源的な疑問を呈して、国益を掲げて人権を押しつぶすことがあってはならないという地点から出発したはずでした。しかし、憲法を一言一句変えないまま、「国益をはかるためには軍事力が必要」「武器を売れば売るほど単価が下がる」といったことが露骨に語られるに至ったのです。果たしてこれでいいのでしょうか？

平和を構想する

このように、〈破壊〉だけでなく〈侵食〉も含めると、右の変革がだいぶ長いスパンで考えられていることがよく分かります。一気には変えられないのは、私たちの政治文化が、良かれ悪しかれ、極端な政治を好まないからだとも言えます。とすると、やはりまだまだ平和について私たち市民の視点から構想する余地は大いに残されています。〈破壊〉だけでなく〈侵食〉に抗する粘り強い思考が求められます。

私たち「平和構想提言会議」は、戦争の準備を進めようとする政府へ、対抗言論を提起することを目指しています。異なる背景や専門分野を持つ論者が知恵を持ち寄って、平和を構想するための議論を進めてきました。本書巻末に収められている二〇二二年提言は、幸い多くの方の関心を惹き、平和を準備するというアイディアは一定の反響を呼ぶことができました。

「国家の安全保障」論が必要な場面もあるでしょう。でもそれだけで平和を語り尽くすことができないことを、私たち市民は知っています。個人へ分割・還元できる、人の一生や人々の生活と結びついた平和への接近方法は、無数にあるはずです。ご一緒に考えてまいりましょう。

第1章

いま、なぜ市民の平和構想が必要なのか

川崎 哲

何が起きているのか

日本政府はいま、「防衛力の抜本的強化」というかけ声のもと、空前の大軍拡を進めている。かつての「防衛費の国内総生産（GDP）1％枠」は破棄され、軍事費は倍増されようとしている。しかも規模だけではない。日本が戦後憲法のもとで維持してきた平和原則を骨抜きにする、質的な大転換が図られているのだ。

日本は憲法九条のもと、「国是」といえる基本政策を少なくとも三つ定めてきた。

第一に、専守防衛である。一九五四年に発足した自衛隊について、戦力をもたないこととした憲法に違反するとの議論もあったが、政府はこれを「戦争する軍隊」ではなく「自衛のための部隊」であるとし、自衛力の行使は「必要最小限度にとどめる」と説明してきた。

第二に、非核三原則である。核兵器を「もたず、作らず、もち込ませず」との原則は、一九七一年に衆議院で決議されている。政府は一貫して「核兵器のない世界」をめざすと公約してきた。

第三に、武器輸出の禁止である。一九六七年の武器輸出三原則と一九七六年の政府統一見解により、武器輸出は原則として禁止された。「国際紛争等を助長しない」という理念からである。

ところが今や、表向きは「専守防衛」といいながら、敵基地をミサイルで攻撃することが可能とされ、米国と共同で戦闘を行なう準備が公然と進められている。そして、非核三原則といいながら、二〇二一年に発効した核兵器禁止条約への参加を政府は頑なに拒み、米国による核の先制使用も必要だと主張している。さらに、武器輸出禁止の原則は、二〇一四年に「防衛装備移転三原則」に置き換えられ、二〇二三年には殺傷武器の輸出さえ可能とされてしまった。

こうした大転換を方向付けたのが、安倍晋三政権による二〇一四年の集団的自衛権の行使を解禁する閣議決定と二〇一五年の安全保障関連法制（安保法制）、そして、岸田文雄政権により二〇二二年に閣議決定された安全保障三文書（安保三文書）である。

国家安全保障戦略、国家防衛戦略、防衛力整備計画からなる安保三文書は、きわめて速いスピードで実行に移されている。防衛費は、二〇二三年度から五年間で四三兆円支出するとされた。「反撃能力」という名で事実上の敵基地攻撃能力の保有が認められ、政府は米国から巡航ミサイル・トマホーク四〇〇発の購入・配備を決め、国産長射程ミサイルについてもその開発をメーカーに急がせている。

沖縄・石垣島には二〇二三年に陸上自衛隊駐屯地が開設され、奄美大島、宮古島に続き、南西諸島へのミサイル部隊配備が進んでいる。全国で弾薬庫が整備され、民間用港湾・空港の軍事利用を可能とする制度も進められている。「重要施設」周辺の土地利用の規制、「経済安全保障」の名のもとでの企業活動の規制、個人への監視強化や身辺調査の導入、さらに大学における軍事研究の拡大など、経済・社会の隅々にまで軍事が浸透している。

一方で、陸海空の自衛隊を一元的に指揮する「統合作戦司令部」が設置され、米国はこれを「歓迎」した（二〇二四年四月、日米首脳声明）。「相互運用性」の名のもとで、自衛隊が米軍と一緒に戦う態勢が作られているのだ。

こうして日本は、軍事に抑制的だった戦後の基本政策を転換し、「強大な軍備をもち戦争をできる国」へと変貌しつつある。明文的に憲法を変えることもなく、憲法九条が空洞化されている。政府が、国会審議すら尽くすことなく推し進めているのだ。

これに対して、世論の明確な反対が可視化されていないのも現実である。悲惨な戦争体験や戦後の苦しみを記憶する世代では「戦争はしてはならない」し「軍事力は危険なものだ」という意識が、いわば当たり前に根付いている。しかし戦後約八〇年が経ち、今日の若い世代にしてみれば、ロシアによるウクライナ侵略戦争のほうがはるかにリアリティをもつ「戦争」である。そのような戦争に巻き込まれないためには一定の軍事力は必要であり、その強化もやむをえない――。このような意識が今日の日本社会には広がっているようだ。そしてこれは、世界的な現象でもある。戦争を防ぐためとして創設されたはずの国連は、ウクライナでもガザでも、多くの人々にとっては無力にみえてしまう。

こうした中で現実は、すでに第三次世界大戦の一歩手前というべき情勢だ。このまま進めば破滅である。だからこそここでは軍事に頼ることの危険性をあらためて論じ、非軍事的な手法で平和を作りだす道を考えたい。

なお、語法について断っておく。軍事力（軍事費）と防衛力（防衛費）はほぼ同義だが、政府は「軍事」とはいわず「防衛」と呼んでいる。そのほうが〝クリーン〟に聞こえるからだろう。本章では、政府の政策や説明に言及するときには「防衛」を使うが、その本質は「軍事」であるので筆者としては「軍事」を使う。なお「安全保障」という言葉は、軍事・防衛と同義で用いられることが多いが、本来は非軍事の側面も含んだ概念であるので、その点に留意して使う。

「抑止力」で戦争は防げない

二〇一四年七月、集団的自衛権の行使容認決定にあたり、安倍晋三首相（当時）はこう述べていた。

「万全の備えをすること自体が日本に戦争を仕掛けようとする企みをくじく大きな力を持っている。これが抑止力です。今回の閣議決定によって日本が戦争に巻き込まれるおそれは一層なくなっていく」（七月一日、首相記者会見）

だからこそ政府は、安保法制のことを「平和安全法制」と呼んだ。一方、これに反対する側は「戦争法」だと批判してきた。

二〇二二年の国家安全保障戦略は「我が国の安全保障」に必要な国力として第一に外交力を掲げ、防衛力は第二に位置づけている。しかし、防衛力を抜本的に強化することが「我が国に望ましい安全保障環境を能動的に創出する」とも述べており、軍備増強が外交にもプラスであると主張している。

このように、軍事的抑止力を強化することで戦争の危険は減っていくというのが、推進側の論理である。しかし抑止力は、果たしてその通りに機能するのか。仮にある程度機能したとしても、万全であるはずがない。抑止が破れてしまうことはありうる。実際、国家安全保障戦略は、こう記している。

「防衛力により、我が国に脅威が及ぶことを抑止し、仮に我が国に脅威が及ぶ場合にはこれを阻止し、排除する」

つまり抑止が破れたら、軍事行動を行なうのである。そして同戦略には「日米の抑止力・対処力を強化」することが強調され、抑止力と対処力がセットで掲げられている。だが、「対処力」を行使する局面とは、要するに戦争である。国家防衛戦略には「継戦能力を確保」することが重要だと記され、戦争となった場合の人員や弾薬の確保計画や予算措置が講じられているのだ。

政府は、国民向けには戦争を「抑止する」ことばかり強調しているが、実際に「戦う」計画を着々と進めているのであり、そのことはメディアでも十分に注目されていない。

戦争が始まったらどうなるか。国家安全保障戦略は「万が一、我が国に脅威が及ぶ場合も、これを阻止・排除し、かつ被害を最小化させつつ、我が国の国益を守る上で有利な形で終結させる」としている。では現実に東アジアで戦争が始まった場合に、日本にとって「被害を最小化させ」「必要な人員や弾薬を確保・輸送し」「自国に有利な形で戦争を終結させる」とは、いったいいかなることなのか。ウクライナやガザで起きていることをみれば、いったん戦争が始まったら、それを止めることや、自国に「有利」に終結させるなどということがいかに困難かは想像に難くない。

今日の戦争は、核戦争へも発展しうる。世界には一万二〇〇〇発以上の核兵器が存在する。東アジアではロシア、中国、北朝鮮が核兵器を保有しており、日本と韓国が米国の核戦力に依存する政策（いわゆる「核の傘」）をとっている。

政府は「核抑止力を中心とした米国の拡大抑止」が日本の安全保障にとって不可欠であり、そのさらなる強化が必要だという。核抑止力とは、核兵器を使用できる態勢をとることで、戦争や核使用が実際には防がれる、あるいはコントロールされるという軍事理論だ。だが今日、ウクライナでもガザでも、現実に戦争を進めているのは核保有国である。ロシアは、五〇〇〇発以上の核兵器をもつ世界最大の核保有国である。イスラエルが、政府こそ公式には認めていないものの、約九〇発の核兵器を保有することは公知の事実である。

ロシアのプーチン大統領は、ウクライナ侵攻にあたり「介入すれば核兵器の使用もありうる」と世界をくり返し脅してきた。いわば核の威嚇を、戦争を進める力にしているのだ。このことをとらえて、二〇二二年六月に核兵器の非人道性に関する国際会議を主催したオーストリア政府は、総括文書で「核兵器は戦争を防ぐどころか、核武装国による戦争開始を後押ししている」、「核抑止に基づく安全保障は持続可能でない」と結論づけている。

イスラエルが核を保有する背景には、かつてのホロコーストの記憶とともに、自国の生存への強烈な恐怖心がある。しかし核をもったところで、二〇二三年一〇月のハマスによる攻撃を防げなかった。長年の占領と封鎖の中で絶望に追いやられ一矢報いようとする勢力に「抑止力」は働かないのだ。それは、二〇〇一年の9・11事件のように、自らの命をかえりみずに攻撃してくる「テロリスト」に抑止力が働かないのと同じことである。二〇二四年四月にはイスラエルとイランが互いに攻撃しあう事態にまで発展したが、ここでも「抑止力」は働いていない。

ウクライナでは原発が武力攻撃の対象になっている。東アジアにおいて日本を含む各国はいずれも原発大国であり、それらが戦争で攻撃されれば、国境を越えた大惨事となる。

核兵器そのものが使用されれば、被害はさらに破滅的なものとなる。台湾をめぐって米国と中国のあいだで核兵器の撃ちあいとなれば、数カ月で二六〇万人が亡くなり、九万～八〇万人超が長期的にがんで亡くなるとの推計を、長崎大学核兵器廃絶研究センター（RECNA）などの国際研究グループが発表している（二〇二三年三月）。さらに、東アジアにおける戦争が、世界経済全体に壊滅的な打撃を与えることはいうまでもない。

こうした現実をふまえれば、政府が進めている「仮想敵に備えて軍備を増強し演習する」という抑止論がいかに危険で無責任なものであるかがわかるだろう。このような「戦争の準備」ではなく「平和の準備」が必要なのである。それは、戦争を回避するための外交、緊張緩和と信頼醸成、そして国際法にもとづく軍縮である。これは「理想主義」か「現実主義」かという問題ではない。戦争のリスクを減らし破滅的事態を避けるために現実的で賢明な選択は何かという問題である。

なぜ軍事力に頼るべきでないのか——五つの理由

本書第10章に所収の平和構想提言「戦争ではなく平和の準備を」でも論じているが、軍事力中心の安全保障は、さまざまな意味で危険であり脆弱なものである。ここでは、以下の五点を挙げたい。第一に、軍拡競争が危機を加速させること。第二に、軍拡が資源と機会を奪うこと。第三に、抑止論が国際法また憲法上の問題をはらんでいること。第四に、軍事が人権や民主主義を脅かすこと。第五に、軍事力は問題を何ら解決しないことである。

①軍拡競争が危機を加速させる

自国の安全保障のための措置が他国には脅威に映り、他国の軍備増強を促すというい わゆる「安全保障のジレンマ」が、東アジアにおいて現実に進行している。

二〇二四年四月のストックホルム国際平和研究所（SIPRI）の報告によれば、世界の軍事費（二〇二三年）総計は過去最高の二・四兆ドルで、アジア大洋州諸国がその約四分の一を占めている。中国が世界第二位(世界全体の一二%)、インドが第四位(三・四%)、日本が第十位（二・一%）で、韓国が第一一位（一%）である。

軍拡競争は、規模や金額だけではなく、相手をより迅速に、より効果的に攻撃しようとの競争も進む。

日本は、弾道ミサイルの脅威に備えるとして、「ミサイル防衛」網の構築を過去約二〇年にわたり進めてきた。しかし万全な迎撃体制を組むことはとうてい不可能であり、ならば敵基地を叩いてしまえと、敵基地攻撃能力の保有論が出てきた。二〇二二年の決定で政府は、これは「反撃能力」であり先制攻撃ではないとしているが、何をもって相手が先に攻撃してきたとみなすかは明確にされていない。当然、打撃を受ける前に速やかに反撃しようとするだろう。それは、相手方も同じことである。こうして双方のミサイル競争は加速していく。

その結果、偶発的な発射や誤射の可能性も含め、軍事的なリスクは当然に高まる。人工知能（AI）などの新興技術が軍事システムに組み込まれていることによる予測不能性もある。予期せぬ衝突が世界戦争の引き金を引きうることは、歴史が示すとおりである。

② 軍拡が奪う資源と機会

「防衛費の抜本的強化」を打ち出した政府だが、財源は不明なままだ。犠牲となるのは、社会保障、医療、教育など、人々の命と暮らし、権利のための施策である。「防衛増税」が強行されれば、コロナウイルス禍からの影響やウクライナ戦争に端を発する物価高騰で疲弊した社会・経済へのさらなる深刻な打撃となる。

そもそも少子化で自衛隊員のなり手すら不足するなか、武器の購入や開発ばかりが優先されるなら、いったい「国力」とは何かということになる。

日本の軍拡の背景には、米国からの武器購入圧力や、国内の軍需産業による積極的なロビー活動がある。二〇二三年には防衛産業育成法が成立した。これを「成長戦略の一つ」として前向きにとらえる向きもあるが、そもそも軍需品とは破壊と殺傷を目的としており、なんら価値の再生産をしないことを忘れてはならない。

米国では「軍産複合体」が大きな政治的・経済的影響力をもっている。産業界が軍部と深く関わり、政府からの拠出金によって軍事の研究・開発や生産を進めている。

米国で政策に影響を及ぼしている上位五〇のシンクタンクに対して一〇億ドル以上もの資金が政府や軍需企業から提供されているとの報告がある（二〇二〇年一〇月、国際政策センター）。こうした軍需をめぐる隠れた利益相反については、日本でも実態調査を進めていく必要がある。そうでないと将来、日本版の「軍産複合体」が台頭してくる可能性があるからだ。

③ 抑止とは「武力による威嚇」でないか——国際法・憲法上の問題

抑止力とは、武力を行使するとの脅しを背景に相手の行動を思いとどまらせようというものであるから「武力による威嚇」に限りなく近い概念である。

国連憲章は第二条四項で、加盟国は「武力による威嚇又は武力の行使を…慎まなければならない」とし、日本国憲法は第九条一項で「武力による威嚇又は武力の行使は…永久にこれを放棄する」と定めている。このように、武力の行使と威嚇は禁止されている。

それにもかかわらず、事実上の威嚇ともいえる手法が、今日の安全保障論議の中心に据えられている。仮に「抑止」が「威嚇」とは異なるというならば、その区別は、法的に明確にされなければならない。なお核抑止力については、核兵器禁止条約が第一条d項で核兵器による威嚇を明確に禁止している。

昨今、国際安全保障の論者の多くは、力の論理に終始し、「法など関係ない」といわんばかりの姿勢だ。安保法制の議論においても、推進派からは「憲法論は不要」との声まであがっていた。

「抑止」の英語「deterrence」の語源は「怖がらせる」を意味する「terrere」から派生しているといわれる。これはテロリズム（terrorism）と通じる言葉である。そのような野蛮な行動様式はそもそも法治によって平和と安全を保とうとする今日の国際秩序に合致しえるのか。

日本において近年の九条改憲論議では、九条二項と自衛隊の関係に関心が集まってきた。だが、日本が米国と一緒になって強化している「抑止力」と九条一項との関係も、しっかりと論じられなければならない。

④ 軍事主義は人権と民主主義を脅かす

あらゆる軍事システムは、情報を中枢に集中させ、指導部が正しい判断を下すという社会モデルのうえに成り立っている。それは、情報を公開し、権力を監視し、分散させ、その濫用、腐敗、暴走を防ごうという民主主義的な社会モデルとは、およそ対極にある。国家や社会の軍事化が進むとき、秘密主義が横行し、民主主義は形骸化される。

一方で軍事主義は、国家主義を増幅しながら拡大する。敵とみなされる国や民族への憎悪感情が煽られ、ヘイトスピーチやヘイト犯罪が助長される。軍事力で安全を保障するという考えは、また、暴力を最終手段として是認し、社会における抑圧的な力の行使や威嚇を肯定していく。そして、そのような力が「男らしさ」として価値を与えられ、一方で、女性はそれに「守られる」存在として位置づけられる。こうして、ジェンダー不平等を含む、社会におけるさまざまな権力関係がさらに固定化していく。

さらに軍事力は、戦争のために行使されなくても、多くの被害を人々や環境にもたらす。軍事基地の設置じたいが、騒音や事故、兵士による暴力、環境汚染など、さまざまな被害を現にもたらしている。

核兵器は、それが実戦で使用されなくても、その開発や実験により数多くの核被害者が生み出され、環境が汚染されている。そうした情報は隠され、核兵器は存在しても使用されなければよいという「核抑止論」を支えてきたのだ。

このように「国家の安全保障」のためとして正当化される軍事力は、多くの場合「人間の安全保障」を脅かしている。

⑤ 軍事力は問題を何ら解決しない

米国は過去二〇年間、イラクやアフガニスタンで「対テロ戦争」を行なってきたが、それは暴力を増幅させ、被害と犠牲の連鎖を生み、失敗に終わった。一方、日本は、二〇世紀前半の朝鮮半島の植民地支配と中国への侵略戦争に関して、当事国との和解と清算をいまだ達成しえていない。

ひとたび戦争を行なえば、その傷は数世代にわたり癒えることなく、国際関係を不安定化し続ける。戦争で生活を破壊された人々の喪失は埋めがたく、産業の復興は容易でない。戦闘に関わった者たちの肉体的・心理的被害は、長期にわたり社会をむしばみ続ける。

軍事力は、紛争の根本にある諸問題を複雑化させることはあっても、決して解決しないのである。問題を解決するためには、紛争の根源に対処するとりくみが不可欠なのである。

軍事力に代わる道はある

では、軍事力に代わる道はあるのか。答えはイエスである。それは、緊張緩和と信頼醸成のための対話、紛争の根源に対処しその動機を取り除く予防外交、軍縮と軍備管理、そのための国際法の強化といったとりくみである。

一九八二年にスウェーデンのオロフ・パルメ元首相が率いる「軍縮と安全保障に関する独立委員会」が「共通の安全保障」という概念を提唱した。東西冷戦で熾烈な軍備競争が続くなか、核戦争が起きればいかなる国家も生き残れないという認識のもと、諸国が互いに協力して安全を確保するべきであるとしたのだ。

この「共通の安全保障」の概念は今日あらためて評価され、実践されなければならない。そこで重要な役割を果たすのが、多国間の枠組みと市民社会である。市民が、狭い意味での「国益」の観点を超え、国境を越えて連帯していくことが、世界を変えていく。「人間の安全保障」や「地球の安全保障」を追求し、そのことにより翻って、諸国の「国家安全保障」も確かなものにしていくという、発想の転換が必要なのである。

事例① 核兵器禁止条約

二〇一七年七月、核兵器の開発、保有、使用を全面的に禁止した「核兵器禁止条約」が国連で採択された。これは、オーストリアやメキシコといった有志国、赤十字、そして核兵器廃絶国際キャンペーン（ICAN）に代表されるNGO（非政府組織）が協力し、「核兵器の非人道性」に焦点を当て、誕生させたものである。ICANはこの年、ノーベル平和賞を受賞した。

同条約は、二〇二一年一月に発効した。条約の締約国・署名国を合わせると二〇二四年七月現在で九七カ国、世界の約半数である。

この条約にはまだ核保有国は加わっていないが、核兵器を違法化する国際条約の誕生はすでに強力な規範的効果をもたらしている。ロシアが二〇二二年二月にウクライナへの軍事侵攻を開始し「核の威嚇」をくり返すなか、同年六月に核兵器禁止条約第一回締約国がウィーンで開かれ「あらゆる核兵器の威嚇を明確に非難する」と宣言した。同年一一月のインドネシアでのG20首脳宣言でも「核兵器の使用・威嚇は許されない」と表明された。世界の市民が作りだした国際法は、核保有国の横暴を許さないための力となって働いているのである。

また、核兵器禁止条約のもとでは、条約の普遍化、核被害者への援助、核軍縮の検証、ジェンダーと核軍縮といったテーマについて、作業グループやコーディネーターが設けられている。

なかでも「核軍縮の検証」は、核兵器を保有していた国がそれを廃棄する際、検証を国際的に行なおうというとりくみである。まさに軍事力に置き換わる安全保障措置の実践例といえる。

さらに、核兵器が違法化されたことで、核兵器製造企業への投資をしないという方針を掲げる銀行・金融機関が世界で一〇〇を超えるに至った。これも、条約の規範的効果の一つである。

事例② 北東アジア非核兵器地帯

北朝鮮の脅威に対しては、日米韓の軍事同盟強化で対処するのではなく、北東アジア非核兵器地帯を設置しようという提案が示されている。代表的なものがNPO「ピースデポ」による「3＋3構想」だ。日本、韓国、北朝鮮の三カ国が非核地帯条約を結び、米国、ロシア、中国の三核保有国が「核兵器を使用・威嚇しない」との法的約束（「消極的安全保証」）をするというものである。

すでに世界には、ラテンアメリカ・カリブ、南太平洋、東南アジア、アフリカ、中央アジアの計五つの非核地帯条約が存在する。その締約国数は約一二〇にのぼり、南半球のほとんどをカバーしている。このように「核兵器に頼らない安全保障」を実践している国のほうが、核兵器に依存する国よりもはるかに多数なのだ。

世界初の非核地帯となったのはラテンアメリカ・カリブ地域だが、これは、一九六二年のキューバ危機で核戦争の脅威に直面した諸国が危機をくり返さないために作り出したものである。

北東アジアに非核兵器地帯を作るには、北朝鮮の非核化の検証、在韓・在日米軍の扱い、原発や再処理施設などの扱いに加え、米ロ中からの核不使用の約束にいかに信頼性をもたせるかといった課題がある。

さらには、朝鮮半島の核問題の根本原因ともいえる朝鮮戦争を終結させ、休戦協定を平和条約に置き換え、米朝、日朝の国交正常化につなげる必要もある。「六カ国協議」が二〇〇五年に出した共同声明は「北東アジア地域の永続的な平和と安定」を掲げており、向かうべき基本的な道筋を示している。

この分野では、国際的な学術研究や議員連盟の活動が続いている。核兵器禁止条約が定める「核軍縮の検証」を朝鮮半島の非核化検証に生かすといった方策も探求されるべきだろう。

事例③ 武力紛争予防のためのグローバル・パートナーシップ（GPPAC）

「武力紛争への対処からその予防へ」を掲げ、世界各地のNGOや非政府の専門家らが二〇〇二年から「武力紛争予防のためのグローバル・パートナーシップ（GPPAC《ジーパック》）」という世界規模のネットワークを形成している。オランダに本部があり、世界一五地域で、紛争予防のための提言が作られ実践されている。

北東アジアでは、モンゴルが重要な役割を果たしている。モンゴルは、一国非核兵器地帯を宣言し、その地位が国連総会決議で公式に認められている。同国は、ロシアと中国という二つの核保有国に挟まれているが、自らは非核政策をとり、ロシア、中国そして米国とも対等な外交関係をもっている。首都ウランバートルには、北朝鮮・韓国両国の大使館がある。

このモンゴルのNGO「ブルーバナー」が、GPPAC北東アジア事務局（日本のNGO「ピースボート」が担っている）と協力して「ウランバートル・プロセス」という非政府対話プロセスを二〇一五年から続けている。ここには、中国、日本、韓国、米国、極東ロシアからのNGOや非政府の専門家が集まり、北朝鮮や台湾からも参加がある。まさに全方位外交を行なっているモンゴルだからこそできる枠組みだ。

朝鮮半島における平和と北東アジア非核兵器地帯の実現は、なかでも優先議題だ。

ＧＰＰＡＣじたいは非政府の集まりだが、各国の政府関係者との面会や意見交換も重ねており、静かな信頼醸成と政策議論の場として機能している。

以上に挙げたものは一例にすぎず、また、そのいずれとして万能策といえるものではない。それでも、こうした非軍事の安全保障へのとりくみには、もっと光が当てられなければならない。

筆者はこれらＮＧＯ活動に長く関わってきたが、こうした場に日本政府の姿がみえないと常々感じてきた。核兵器禁止条約の会議しかり、モンゴルでの多国間対話しかりである。その一方で、日本の外交当局者と話をすると、いわゆる西側以外の世界の展開についてあまりにも情報をもっていないことに驚かされることがある。日本外交の貧困といわざるをえない。

学術研究やジャーナリズムの分野においても、日本政府が公式に関わっていること以外の世界の事象に対する関心が貧弱である。与野党の国会論議も同様で、賛成側も反対側も「日米同盟の軍事力」を基軸とした発想にとらわれすぎている。日本社会が乗り越えなければならない大きな課題だ。

もう一度「平和」に力を

「紛争の平和的解決」は、二〇世紀の二つの世界大戦を経て設立された国連の基本原則であった。それが今や色あせて、むき出しの実力の論理が世界を覆い、軍事主義と国家主義が台頭している。

そして「専制主義 対 民主主義」だといって世界を二分する論法が日本でも優勢だ。それが、「民主主義陣営」を守るためには軍事力強化が必要であるという言説に一定の「根拠」を与えている。

しかし忘れてはならないのは、「民主主義のための戦争」という論理が、第二次大戦中にまさに日本との戦争を肯定する連合国のものであったことである。東京を含む全国の都市に対する大空襲や、広島・長崎への原爆投下は、そのような論理のなかで正当化された。

二〇二三年五月の広島サミットで、「主要国」を自任するG7首脳は「法の支配に基づく自由で開かれた国際秩序」の堅持・強化と「普遍的人権」の促進を確認した。そして、ロシアによるウクライナ侵略を「可能な限り最も強い言葉で非難」した。核軍縮に関する声明では、ロシアによる核の威嚇を強く非難し、中国による核戦力の増強に懸念を表明したが、自分たちの核兵器については「防衛目的」であり「侵略を抑止」するために正当だと開き直った。

二〇二四年四月に岸田首相は、米議会で「『自由と民主主義』という名の宇宙船で、日本は米国の仲間の船員である」と演説している。

だが、日本や米国をはじめとするいわゆる西側諸国が、自由、人権、民主主義といった基本的価値を重視するというのなら、「平和」という基本的価値をも再確認すべきである。そして「法の支配」をうたうのなら、それは普遍的に適用されるものでなくてはならない。

戦後日本国憲法の前文には「全世界の国民が、ひとしく恐怖と欠乏から免かれ、平和のうちに生存する権利を有する」という表現で「平和に生きる権利」が明示された。平和を基本的人権の一つとして位置づけたのは、きわめて先駆的なことだった。二〇〇〇年代以降、「平和への権利」を基本的人権の一つとして国際的に認めさせようという運動が、国際法学者らによって国連に提起されている。

一方、軍縮あるいは軍備撤廃は、国際法上の義務でもある。「法の支配」を掲げるのなら、相手国の軍備や軍事行動を非難するだけでなく、自らもまた軍縮義務を履行しなければならない。

これらの観点を欠いた「民主主義」や「法の支配」論には重大な欠陥がある。そこには、「戦争の準備」を正当化しようとする政治指導者や経済界の思惑がみえ隠れする。

いかなる理由があろうとも戦争を避け、「平和」の価値を掲げて声をあげることは、かつて道を誤り戦争に突き進み甚大な加害と被害を与えた日本だからこそできる、世界への貢献である。日本国憲法が掲げるように、民主主義、人権、平和の三つは、互いに切り離せない基本的な価値なのである。

そもそも、日本がいわゆる「西側陣営の一員」となることについては、国民の合議で意思決定されたという歴史的事実もなければ、日本国憲法や日米安保条約を含め何ら法的根拠が存在するわけでもない。日米安保条約は二国間の安全保障条約であって、NATOのような軍事同盟条約ではない。「日米同盟」というのは、あくまで日米の政治宣言や防衛協力ガイドライン等によって実務的に形成されてきた概念にすぎない。憲法や国際法の上位に来るものでは決してない。変わりゆく世界秩序の中で、その位置付けもまた変わっていくのが当然である。政府は「同盟強化」一本槍であるが、果たしてそれでよいのか。真にグローバルな視点に立った市民社会の議論が必要である。

今日の世界で米国の覇権的影響力は明らかに低下しており、一方で非同盟諸国が国際秩序形成にますます重要な役割を担いつつある。こうした中で日本が米国との「同盟強化」一辺倒で突き進むことは、合理的根拠を欠くばかりか、大きなリスクをはらむ。実際、中国と米国が台湾海峡をめぐって戦争状態に突入した場合、「自由と民主主義を守るため」として命をかけて戦うことに意味をみいだせる日本人がどれだけいるだろうか。

日本が真の意味で「戦争をしない国」になるためには、大胆な発想と行動の転換が必要である。外交においては東アジアの近隣諸国との紛争予防に力を入れ、新たな秩序形成において非同盟諸国と連携する。そして、外交・安全保障を市民社会に開き、多元化していくことが重要である。

そのためには、日本政府が設定した枠組みにとらわれない、大局的な見地からの議論が必要だ。政府は、目の前の「脅威」に対応するには「日米同盟強化」と「防衛力増強」しかないと言い続けている。国会論議もジャーナリズムもアカデミズムもそれに引き寄せられ、いわば国を挙げて危険な階段を上り続けている状態だ。

私たちは、土俵を組み直さなければならない。国際秩序の変化を視野に入れ、新しい国際規範や枠組みを設定すること。武力紛争の要因を見つけ出し、除去していくこと。環境や人権を保障する持続可能な安全保障を構築すること。NGOや、国境を越えて活動する市民の役割を評価し、平和の担い手を育成する教育に力を入れること。

これらを具体化していくような市民による「平和構想」が大いに語られ、実践されなければならない。本書の以下の各章が、そうした公論を活性化させる一助になることを願う。

第2章

進む戦争準備と沖縄

中国・北朝鮮とどう向き合うか

池尾靖志

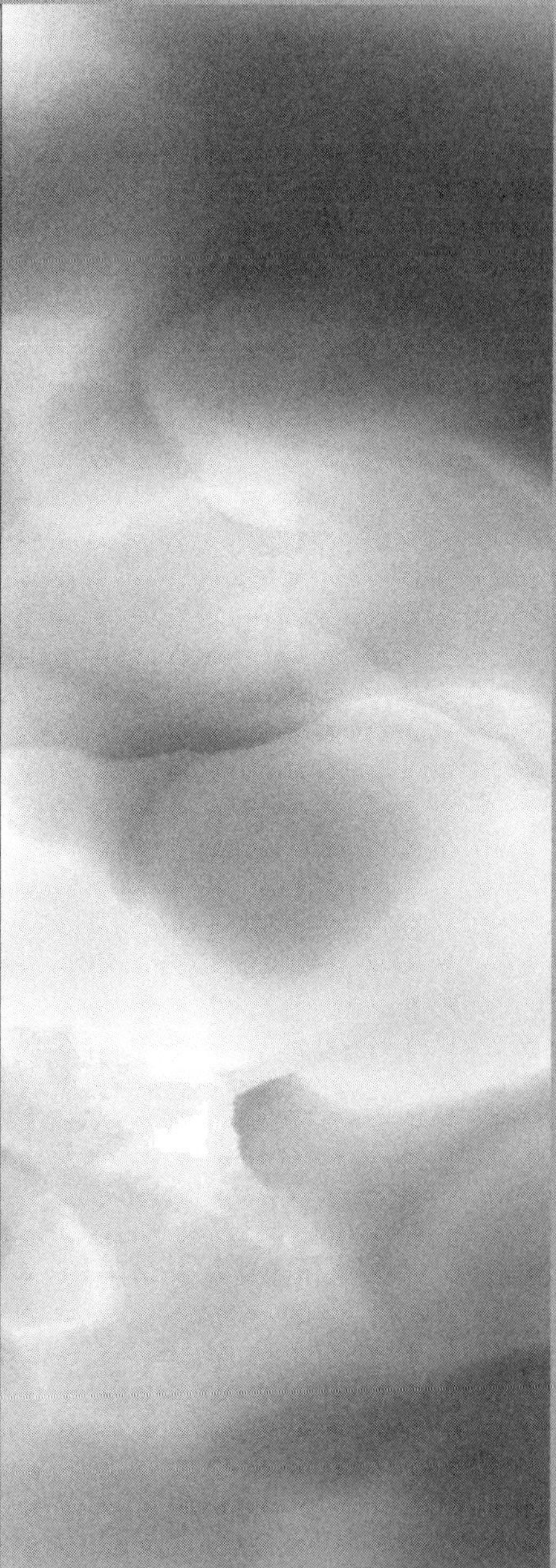

日本政府は、南西諸島を「防衛の空白地帯」と位置づけ、これらの島々に自衛隊基地を相次いで新設し、ミサイル部隊などを配備する動きを急速に進めている。こうした動きは「台湾有事」を想定してのものだが、こうした動きをどのように理解し、状況に抗っていけばいいのかを本章で考える。

南西諸島の自衛隊配備

沖縄戦では、沖縄県民の四人に一人が犠牲になった。なかでも、日本軍が駐屯した島では、「敵」の米軍だけではなく「友軍」であるはずの日本軍の手によって、少なからぬ住民が殺害され、あるいは「集団自決」に追い込まれた。こうした歴史的記憶も背景にあり、また、すでに米軍が沖縄では圧倒的存在として過剰な負担を県民にもたらしていたこともあって、少なくとも二〇〇〇年代頃までは、自治体による自衛官募集業務は行なわれず、沖縄県への積極的な自衛隊配備も見送られてきた。冷戦期の「仮想敵」は、北方のソ連＝ロシアであったということもある。

だが、南西諸島【1】では、二〇一六年三月の与那国駐屯地を皮切りに、二〇一九年三月に奄美大島と宮古島、二〇二三年三月には石垣島と陸上自衛隊基地が相次いで建設され、沿岸警備部隊やミサイル部隊が配備されてきた。さらに、沖縄本島にも地対艦ミサイル部隊が配備され、与那国島には相手の通信やレーダーを妨害する電子戦部隊が追加配備された。

陸上自衛隊の森下泰臣幕僚長は、二〇二四年三月二一日の記者会見で「ミサイル部隊の発足は島嶼部に対する侵攻への抑止力と対処力を高めるものにつながっていくと考えており、電子戦部隊の配備によって、電磁波領域の能力がいっそう強化されると認識している」と述べている。

さらに、種子島の対岸一二キロに位置する馬毛島では、島全体を軍事基地とし、自衛隊のみならず米軍の空母艦載機の離発着訓練まで行なうことが想定された一大巨大基地の建設が進められている。

南西諸島の自衛隊配備をめぐる動きは、民主党政権時代に具体化しはじめた。二〇一〇年、尖閣諸島近海で中国漁船が日本の海上保安庁の巡視船に体当たりするという事件を受けて、民主党の菅直人内閣のもとで閣議決定された「防衛計画の大綱」（二二大綱）は、「動的防衛力」という概念を導入し「防衛の空白地帯」に自衛隊を配備するとした。

その後、政権の再交代を経て誕生した第二次安倍晋三内閣は「防衛計画の大綱」（二五大綱）の中で、動的防衛力を実効化させるために「統合機動防衛力」という概念を導入した。いずれも、対中国を睨んだ南西諸島への重点シフトである。

このように、現在の日本においては、米国の存在を背景として、政権交代をしたからといって基本的な軍事戦略が変わるわけではない。軍事に依拠しない平和を構想する場合、この点を踏まえる必要がある。

ただ、南西諸島をめぐる位置づけは、与那国島に「沿岸警備隊」を配置し、国境を守ろうと決断をした二〇一〇年当時とは状況が大きく異なると、民主党政権時代に防衛大臣を務めた北澤俊美は語っている。すなわち、現在の南西諸島への展開は、二〇二二年のロシアによるウクライナ侵攻を奇貨とし、「台湾有事」を想定した、より攻撃的な性格のものへと変貌を遂げたと北澤は指摘する（琉球朝日放送「沖縄と自衛隊」第一六回、二〇二三年一〇月一八日放送）。

特定利用空港・港湾の整備

それでは、南西諸島でどのような軍事的整備が行なわれているかを瞥見してみよう。

二〇二二年一二月に閣議決定された「安保三文書」には、「特に南西地域における空港・港湾等を整備・強化するとともに、既存の空港・港湾等を運用基盤として、平素からの訓練を含めて使用する」（国家防衛戦略）と明記された。これを受けて、二〇二四年四月一日、政府は有事の際に自衛隊や海上保安庁の使用を想定する「特定利用空港・港湾」として、北海道、香川、高知、福岡、長崎、宮崎、沖縄の七道県計一六カ所を選び、二〇二四年度に整備を始めると発表した。沖縄県では、国交省が管理する那覇空港と、石垣市が管理し、同市の中山義隆市長が受け入れに積極的だった石垣港の二カ所が指定された。

空港では、戦闘機や輸送機などの使用に向け、滑走路の延伸や駐機場の整備を推進し、港湾では輸送艦や護衛艦などの大型艦が接岸できるよう、岸壁整備や海底の掘り下げなどが計画される。整備するこれらの空港・港湾は物流や観光、災害時に活用でき、地元に恩恵がある。ただし、平時から自衛隊も利用する空港・港湾は、有事の際に軍事拠点とみなされ、攻撃目標となる危険もある。民間の空港・港湾を普段から自衛隊が使用するとなると、文民保護をうたうジュネーブ条約にもとづく保護が受けられなくなる恐れがあるからである。

与那国町は、現在、島の南側に位置する比川地区への新たな港湾施設建設を計画している。島の北側にある祖納《そない》港では、冬、北風の影響を受けやすく、定期フェリーの安定した通年運航ができないというのがその理由である。だが、比川新港の建設予定地は、環境省が「生物多様性の観点から重要度の高い湿地」と指定し、希少鳥獣生息地の保護を図るための鳥獣保護区にも指定されている。かつ、湿地を埋め立てて建設されようとする港湾は、与那国駐屯地に隣接しており、新港側の土地を買い上げてミサイル部隊を配置する予定にもなっている。政府に新港建設を要請する糸数健一町長は、「(インフラ整備で)すでに予算の取り合いが石垣市などの自治体と始まっている。新しく港を造る千載一遇のチャンスだ。港を造ったら与那国が(攻撃対象になって)狙われるなんてあり得ない」と述べている(『沖縄タイムス』二〇二四年四月二九日)。

日常化する軍事訓練

民間の空港や港湾施設を使った軍事訓練はすでに日常化している。

奄美大島では、二〇一九年から日米共同訓練が行なわれ、そのたびに、防衛省が使用契約した民間の高速フェリー「ナッチャンWorld」が名瀬港に入港し、自衛隊車両などの荷下ろしが行なわれている。また、与那国島では、二〇二三年一一月に一二《ひとに》式機動戦闘車が本土から航空自衛隊の輸送機によって民間の与那国空港まで運ばれ、空港から公道を通って駐屯地まで移動する訓練が行なわれた。これは、陸自の戦闘車両が公道を走行する初めてのケースであった。

ただ、奄美など島嶼部に位置する部隊は、小銃などの実弾射撃訓練は基地内で行なえるものの、対戦車火器など、射程距離の長い実弾射撃が行なえないとして、熊本県にある大矢野原演習場まで「出張して」実弾射撃演習を実施するケースもある。政府は、有事の際には島嶼部の住民を九州各県や山口県に避難させるとしているが、避難先にも自衛隊基地は軍種を問わず数多く存在し、演習が行なわれている。航空自衛隊築城基地や新田原基地は、有事の際には米軍の使用が予定され、佐賀空港にはオスプレイが配備される。このように、民と軍が併存する状況にあって、果たして市民の生命は守られるのだろうか。

日常化する軍事訓練に抗う動きもある。現在、宮古島に隣接する下地島空港を軍事利用しようとする動きに対して、沖縄の施政権返還の際に、地元自治体と交わされた「屋良覚書」によって、これを拒む動きである。三〇〇〇メートル級の滑走路のある下地島空港は、もともとパイロットを養成するための訓練を行なう施設であった。一九七一年、当時の琉球政府と政府は、民間機の訓練以外に使用する意思がないこと、国が民間機以外の使用について、琉球政府に命令しないことを約束した覚書である。沖縄の施政権が日本に返還されたのちは、沖縄県が管理している。この空港は、現在はＬＣＣの専用空港となっているが、那覇空港よりも尖閣諸島や台湾に近いこともあり、自衛隊や米軍にとっては使い勝手のいい格好の場所である【2】。

また、竹富町の波照間空港でも軍事化の動きと住民の声とがせめぎあっている。地元はもともと滑走路を一二〇〇メートルに延長するよう求めているが、政府は自衛隊が円滑に利用できるようにすることと引き換えに整備を支援する特定利用空港の枠組みを検討している。これに対し、地元公民館は、滑走路延長は軍事利用につながらない形で行なうよう、二〇二四年五月二二日、玉城デニー沖縄県知事に要請書を提出した。要請書には、下地島空港の「屋良覚書」に似た規定を設けるなどを求めている。与那国町の住民たちも同日、県知事に特定利用空港・港湾の指定を受け入れないよう求める要請書を提出している。

ここまでに見てきたように、日常的に軍事訓練を行ない、軍事力の行使に備える様子を見せつけることによって、敵国の先制攻撃を防ぐことを、一般に「拒否的抑止」と呼ぶ。

敵国の先制攻撃を拒否することによって、自国の安全保障を確かなものにするというのである。

　だが、抑止とは、敵国が理性的に振る舞い、こちら側の意図どおりに状況を解釈した場合にのみ成り立つ。こちら側の日常的な訓練について、実際の攻撃に備えた準備であると解釈された場合、偶発的な衝突も含めて、紛争発生のリスクはかえって高まることにつながるだろう。敵基地攻撃能力の保有などはまさに、こちら側から先制攻撃を行なうというサインを発出しているようなものである。

重要土地利用規制法

　武力攻撃事態に際して、「特定公共施設利用法」は自衛隊や米軍が港湾や空港、道路を優先的に利用できることを定めている。しかし、原則として国による「要請」にすぎないので強制力はなく、港湾などの管理を行なう自治体が従わないこともありうる。この場合、国はより強い「指示」を出し、それでもなお管理者が指示に従わない状況になって、初めて総理大臣は国土交通大臣を指揮して管理者権限を代理できる。こうした煩雑な手続きは有事の際に〝邪魔〟になるとして、地方自治法を改正し、国に権限を集中させる動きが見られる。

　また、二〇二一年に制定された「重要土地利用規制法」は、自衛隊や米軍基地などの重要施設やその周囲約一キロおよび国境離島を「注視区域」に指定し、国による土地利用の状況調査を可能とした。中でも、司令部機能を持つ基地など、特に重要な施設の周辺については「特別注視区域」に指定し、一定面積以上の売買に対して事前届出が義務づけられる。さらに、重要施設の「機能を阻害する行為」が判明すれば、中止勧告や命令が出され、それに従わなければ罰則が課される。すると、たとえば、基地の前で市民が行なう抗議行動などを「機能阻害行為」として罰則つきで中止を命じるようなことになれば、市民の「思想信条の自由」や「表現の自由」などが奪われることになる。

こうした現在の動き――南西諸島における自衛隊基地建設の推進や港湾施設の整備は、米国の遠征前進基地作戦（Expeditionary Advanced Based Operations, EABO）戦略と呼応している。

これは、米海兵隊による作戦構想で、敵のミサイル射程内において、対艦火力、局地防空、航空燃料・弾薬の再補給に必要な能力を有した小規模の部隊を、分散した前進拠点に迅速に展開し、かつ機動的に運用することによって、海上・航空優勢獲得のために作戦する艦隊を支援する戦略である【3】。この作戦によって、自衛隊が配備されていない島々にも米海兵隊や自衛隊のミサイルが配備される可能性がある。

「台湾有事」は「日本有事」か

かつて、冷戦時代にはソ連の脅威が強調され、北海道を中心に陸上自衛隊が配備されていた。しかし、冷戦構造の瓦解によってその重要性は薄れてきた。その一方、中国との間で尖閣諸島をめぐる領有権争いに拍車がかかり、二〇一〇年、中国漁船による海上保安庁巡視船への衝突事件以来、「尖閣有事」が喧伝されるようになった。また、東シナ海のみならず、南シナ海においても中国が「九段線」に沿う形で領有権を強く主張し、沿岸諸国との緊張関係が高まる中で、中国が「第一列島線」内に他国の侵入を許さないとするA2／AD戦略（Anti-Access / Area Denial、接近阻止・領域拒否）をとるようになる。こうした動きに対し、米国は「航行の自由」作戦を展開し、自衛隊にもこれに参加するよう要請してきたという。

安倍晋三首相（当時）は、中国の習近平国家主席が二〇一三年に発表した「一帯一路」構想に対抗するように、二〇一六年八月に「自由で開かれたインド太平洋構想」を提唱した。米国をはじめとする西側諸国がこの構想に賛同するようになり、米国は二〇一九年に国務省がこのコンセプトを公式の文書で採用した。こうして、今では、「民主主義 対 専制主義」という構図で争われていると捉える向きもある。このような中で、安倍晋三元首相は、二〇二一年一二月、台湾で開かれたシンポジウムに日本からオンライン参加し、「台湾有事は日本有事であり、日米同盟の有事でもある」と述べた。

安倍氏は、中台関係において、中国側が軍事的手段を選ばないように自制を促す必要性を訴える文脈の中でこの表現を用いたのだが、この発言は言説として一人歩きしている。二〇二二年一二月、反撃能力（敵基地攻撃能力）の保有や継戦能力の向上をうたうとともに、防衛費を今後五年間で国内総生産（GDP）比2%の水準に引き上げることをうたった「安保三文書」が岸田文雄政権のもとで閣議決定されると、次第に、実戦さながらの訓練が全国各地の演習場や海上で展開されるようになる。自民党の麻生太郎副総裁も、米ワシントンで記者団に対し「(台湾海峡有事は)日本の存立危機事態だと日本政府が判断をする可能性が極めて高い」と述べ、日本は中国の台湾侵攻時に集団的自衛権を発動する可能性が高いという考えを示している（『朝日新聞』二〇二四年一月一一日電子版）。

確かに、与那国島から一一〇キロしか離れていない台湾をめぐる情勢は緊迫している。二〇二二年八月、米国のナンシー・ペロシ下院議長が台湾を訪問した際、中国は台湾周辺で実弾射撃などもともなう「重要軍事演習」を行なうと発表、訓練海域の一部が与那国島を南北から挟む形で設定され、同月四日は島から北北西約八〇キロの沖合に中国軍の弾道ミサイルが着弾した。八日に警戒が解除されたものの、漁師の多くは軍事演習を恐れて出漁を見送った。平常に戻ったのは八月下旬のことだという（『朝日新聞』二〇二二年八月二七日）。「一つの中国」原則を認めながら、米国の要人が台湾を訪問すれば、中国を刺激するのは目に見えている。中国は「台湾海峡危機はアメリカの挑発が原因」だとして軍事演習を正当化する主張を広めている【4】。だが、国境の島は台湾情勢に翻弄され、日常生活が大きく影響を受けている。

では、仮に、中国が台湾を軍事的手段を用いて併合する動きに踏み切る「台湾有事」が現実化したとして、日本や米国は、即時、軍事介入に踏み切るのか。もちろん、中国が台湾に侵攻すれば、台湾側は応戦するだろう。だが、日本と米国は中国と国交を回復する際、「一つの中国」という原則を尊重するとした。「台湾有事」における軍事介入は、基本的にこの立場と矛盾する。では、どのような場合に日米は軍事力行使に踏み切るだろうか。それはおそらく、中国の台湾攻撃によって米国や日本のサプライチェーンが破壊されるなどした場合に、「国益に重大な影響を及ぼした」として、自衛権を発動する場合であろう。だが、米国のシンクタンクCSIS（戦略国際問題研究所）が独自に実施したシミュレーションでは、中国は台湾制圧に失敗する一方、米軍や自衛隊側も多数の犠牲者と艦船や航空機の損壊といった大きな損失を出すとの結果を発表した。だが、実際に有事が起きたとして、これらのシミュレーションは、多くの民間人が犠牲となることをどこまで真剣に考えているだろうか。

近年では、日米二国間のみならず、日米韓、日米豪、日米比といった三カ国間、さらにはそれらを上回る数の国々による多国間演習が実施されるようになった。これらはいずれも、中国を封じ込めることを目的とするもので、東アジア地域に不必要な緊張をもたらしているると言わざるを得ない。

他方、沖縄の市民は、「二度と沖縄を戦場にしない」と声をあげ、台湾や韓国、中国などの有識者や平和運動家、ジャーナリストらとの対話の機会を積極的に設けているのだが、こうしたイベントやそこでの議論を本土のマスメディアが報じることはほとんどない。こうした情報の偏りが、軍事力行使を容認する世論の形成の背景にあるといえよう。

北朝鮮への対応

日本において、中国と並んで脅威とされているのが、北朝鮮である。

北朝鮮の長距離弾道ミサイルの発射に備えるために、沖縄に地対空誘導弾パトリオット（PAC3）が初めて配備されたのは二〇一二年、その時は沖縄本島二カ所と宮古島、石垣島に搬入された。また、予想されたロケットの飛行経路にあたる多良間島にも陸上自衛隊の部隊が派遣された。さらに、二〇一六年二月にも、人工衛星打ち上げ用のロケットが発射されるとして、宮古島と石垣島にPAC3が海岸や民間の港湾施設に配備された。このとき、これに抗議する宮古島市民らがPAC3の前に座り込んだ。

二〇二三年四月、北朝鮮が「軍事偵察衛星」の発射を計画していることが明らかになると、浜田靖一防衛相は自衛隊に破壊措置の準備を指示し、五月には破壊措置命令を発出した。今度は、沖縄本島、宮古島、石垣島に加えて、与那国島の計四カ所に配備された。石垣島では他の島とは異なり、二〇一二年の際と同じく民間用の港湾地区に展開された。その理由として、沖縄防衛局は、石垣駐屯地が工事中であると説明した。だが、安保三文書には「有事の際の対応も見据えた空港・港湾の平素からの利活用に関するルールづくり等を行う」との記載もあり、台湾有事に備えた動きではないかとする指摘もある。二〇二四年にも北朝鮮は相次いでミサイルを発射したため、政府は宮古島や石垣島、与那国島にPAC3を配備している。

こうした状況の中、北朝鮮は、韓国から脱北者団体によって体制を批判するビラが飛ばされてきたことへの対抗措置として、汚物の入った風船を韓国に向けて飛ばしてきた。これに対して、韓国側は朝鮮戦争の「休戦協定違反」を主張し、南北軍事境界線（DMZ）付近で、二〇一八年以来停止してきた宣伝放送を再開した。このことは、場合によっては、二〇一〇年に北朝鮮が起こした延坪島砲撃事件のようなことにもつながりかねない。延坪島とは、北朝鮮から一二キロに位置し、朝鮮戦争休戦後に米韓が一方的に引いた海上の軍事境界線である北方限界線（NLL）付近にある。そこには韓国軍が駐留する。

日本に存在する米軍基地は、日米安保条約第六条に基づき、日本の安全並びに「極東における国際の平和及び安全の維持」のためにある。「極東」とは具体的には朝鮮半島有事ならびに台湾有事である。また、これらの米軍基地のうち、本土にある四カ所（横田、座間、横須賀、佐世保）と沖縄にある三カ所（嘉手納、普天間、ホワイトビーチ）は、朝鮮戦争のときに派遣された「朝鮮国連軍」の基地（国連軍後方基地）を兼ねており、これらの基地は、朝鮮戦争が再発すれば、朝鮮国連軍に参加する国々に使用させることができる。このため、朝鮮半島情勢次第では、日本にある在日米軍基地が北朝鮮の攻撃対象とされる可能性もある。

延坪島砲撃事件から学ぶべき教訓は、紛争の起きる最前線に軍事施設は置くべきでないということである。実際、二〇二四年一月、金正恩総書記は演説の中で国境確定を含む憲法改正に言及し、今後、NLLを問題化しようとする可能性があるという（『朝日新聞』二〇二四年六月九日）。

国民保護の現段階

ここまで、日本政府が中国や北朝鮮に対抗する米国の軍事戦略に沿う形で南西諸島に軍事拠点を次々に整備している現状を報告してきた。

それでは、こうした一連の動きの結果として、実際に「有事」が発生した場合に、住民の生活と安全はどうなるのか。

有事の際の住民避難をめぐっては、二〇〇四年の国民保護法制定によって、都道府県ならびに市町村に国民保護計画の策定が求められ、国民保護に関する訓練が全国で実施されてきた。だが、これまでの訓練はテロリストなどによる緊急対処事態をシナリオとしたものが主で、戦争を前提としたものはこれまで実施されてこなかった。また、ミサイルが飛来することを想定したシェルターなどの地下避難施設の整備も十分に進んでいない。こうした状況について、ある安全保障の「専門家」は、一部の市民活動家らが有事の想定に反対してきたからだ、と主張する。

しかし、そもそも日本は、日本国憲法第九条において交戦権を否認するとともに、戦力不保持を定めている。専守防衛に徹する自衛隊は「戦力」には相当せず、攻撃型兵器は持たないと政府自身が主張してきた。戦後日本は、国家の基本政策として戦争を起こさないことを掲げ、戦争の準備それ自体が戦争をもたらしかねないことから軍備そのものを否定したのであった。これはなにも近年になって市民活動家が主張しはじめた政策ではなく、住民避難をめぐる整備の遅れの責任は平和運動にあるのではない。

朝鮮戦争が継続中で、休戦状態にあるだけの韓国や、中国からいつ軍事攻撃を受けるかもしれない台湾とは事情が異なることは言うまでもない。

台湾有事を日本有事と連動させて考える政府や、島嶼部に位置するいくつかの自治体は、有事への備えを真剣に検討しはじめている。

与那国島や那覇市では、二〇二二年から二三年にかけて、相次いで弾道ミサイルの飛来を想定した住民避難訓練が行なわれた。二〇二三年一月に那覇市で行なわれた訓練は、国と県、同市が共同で実施した。同市の銘苅地区の防災行政無線から避難を促す放送が流れ、屋外にいた住民八三人が近くの建物の地下駐車場へ避難すると、住民たちは壁際にしゃがみ込んで頭を両手で覆い、ミサイル通過のアナウンスが流れるまでの数分間、身の安全を確保した。知念覚市長は「有事の備えをしっかり（市民に）啓発することが自治体の役割だ」と語る（『読売新聞』二〇二三年一月二一日）。だが、本当にミサイルが飛来したとして、このような訓練にどこまで実践的な意味があると言えるのだろうか。イスラエルの空爆によって瓦礫と化すパレスチナ・ガザ地区の惨状を見るとき、屋内退避や一時的避難ということの限定的な意味を感じずにはいられない。住民たち全員を避難できるだけのシェルターは確保できるのか、ミサイルの飛来は数発の着弾だけで終わるのか。避難から解放されたとして、破壊された元の家に戻ることはできるのか。さまざまな疑問が思い浮かぶ。

与那国町では有事に備え、あらかじめ島外への避難を希望する住民に必要な資金を支給するための基金を創設した。国民保護法では、政府による外部からの「武力攻撃事態」の認定後、県と町が連携して避難を含む住民支援にあたることになっているが、基金は事態認定前の段階で支給され、「避難にかかる旅費、当面の生活資金、武力攻撃災害による住宅の再建費用を想定」しているとされる。関連条例は二〇二二年九月定例会において、全会一致で可決した（『沖縄タイムス』二〇二二年一二月三日）。

政府は、台湾有事といった非常事態に備え、先島諸島から九州各県と山口県に約一二万人を避難させることを政府が計画しはじめた。政府は二〇二四年六月三日、九州地方知事会において、避難元五市町村とその避難先として山口県を含む七つの県を具体的に明示した。今後、移動手段や宿泊施設、生活物資確保に関して自治体間で協議して避難計画を二〇二四年度中に策定するとしている。そのモデルケースとして、二〇二四年三月三一日、多良間村の住民ら約一〇〇〇人を最長二日間で空路と陸路で熊本県八代市に輸送し、約一カ月月間受け入れる内容を政府関係者が発表した。

避難しきれなかった住民や、避難を拒んだ住民たちを武力攻撃から守るために一時避難するシェルター（避難施設）の整備について、内閣官房の担当者らは二〇二四年四月一六日までに宮古・八重山の五市町村の首長や幹部らと面談し、概要を説明した。これは、国が同年三月、基本方針と技術ガイドラインを公表したことを受けたものである。

実際、宮古島市では、築四〇年と老朽化した体育館の建て替えの際、シェルターともなる地下駐車場を併設する予定で、これには防衛省による民生安定助成事業が活用される。また、石垣市では、すでに市役所の建て替えの際に、地下駐車場を整備し、そこをシェルターとして活用することとしており、それに加え、旧石垣空港跡地に計画している防災公園の地下にもシェルターとして活用できる職員駐車場を建設することを検討している。二〇二四年度に設計に着手し、二六年度の完成を目指すとして、中山義隆石垣市長が防衛省を訪れ、木原稔防衛相に支援を求めている。

もし実際に台湾有事が起きれば、求められるのは、戦場と想定される地域からの住民の避難に止まらない。中国は日本の最大貿易相手国であり、中国に進出している日本企業は一万二〇〇〇社、在留邦人は一〇万人を超えている。台湾にも二万四〇〇〇人の在留邦人がいる。これら、各地の在留邦人の避難や安全確保といった課題にも直面する。さらには、台湾からの避難民が海から与那国や石垣などの島々に押し寄せてくる事態をも想定する必要がある。与那国島は台湾から一一〇キロしか離れていない。

沖縄県の地域外交戦略

南西諸島への自衛隊配備について、政府は、有事への備えとしてだけでなく、その存在自体が抑止力の向上に資することを期待している。しかし、先にも述べたように、抑止とは、相手国がこちら側の意図を「正しく」認識していることによってはじめて成立する。相手国との関係が緊迫すればするほど、相手国はこちら側の行動を疑心暗鬼に捉え、先制攻撃のリスクが高まる。いわゆる「安全保障のジレンマ」である。

国家間の相互不信を解消することこそが何よりの安全保障であり、そのためには、防衛交流をはじめとする信頼醸成措置を検討する必要がある。

笹川平和財団が主催する日中の防衛交流事業は、二〇二三年、新型コロナウイルスによる中断を経て四年ぶりに再開し、自衛隊代表団が訪中、二〇二四年五月には中国軍の佐官クラス二〇人が五年ぶりに日本を訪れ、自衛隊基地などを視察する。

こうした取り組みに加えて、外交チャネルを多元化することも合わせて検討してみたい。すなわち、国家間の間隙を縫うように、非国家的行為体によって構築されるトランスナショナルな関係である。国家間による外交をトラック1外交と呼ぶのに対し、自治体外交（沖縄県ではこれを「地域外交」と呼ぶ）など、外交交渉を多元的なものにする（マルチトラックにする）ことによって、日中、あるいは米中（さらには中台）といった関係が悪化としても、国家主権を持たず、軍事力の行使を行なわないアクターにより、対話の糸口をつなぎとめておくことができるからである。

かつて、与那国町では二〇〇五年、町独自の「与那国・自立ビジョン」を策定し、台湾との経済交流に町の将来を託そうとした。与那国町は台湾の花蓮市と一九八二年一〇月八日に姉妹都市協定を結んで以来、積極的な交流事業を展開してきた。二〇〇七年五月には、与那国町が花蓮市に連絡事務所を開所したこともあった。当時、花蓮市の連絡事務代表を務めた田里千代基町議は、「（与那国を）「国境の島」と考えるから、与那国の先は行き止まりであり、辺境の島と捉えられる。だが、与那国は台湾と一一〇キロの距離にある。台湾や中国との交流を通して、与那国をアジアに開かれた島として、物流や人の往来の拠点と位置づければ、経済的自立が図られると考え『自立ビジョン』を策定した」と語る（筆者インタビュー）。今では、「抑止力の現場ではなく、緩衝地帯の現場になるべきと強く叫びたい」という（琉球朝日放送、二〇二三年八月二三日）。

二〇二三年三月に策定された「第五次与那国町総合計画」では、二〇〇五年に策定された「自立ビジョン」を「町民の重要な思い」として町民憲章への昇華も検討するとしたほか、二〇六〇年の人口目標を一五〇〇人と定めた。人口減少に歯止めがかからないとして町は自衛隊誘致を決めたのであるが、自衛隊員の駐屯により人口は増加に転じたものの、それ以外の住民の減少傾向に歯止めはかかっていないとし、中学卒業と同時に島を離れる人たちが再び島に戻ることのできる環境をつくることと、仕事の創出により定住人口の増加を目指すことの二つの目標が定められた。

また、沖縄県は、二〇二三年度、沖縄県の地域外交に関する「万国津梁会議」を立ち上げ、二〇二四年一月に提言書を取りまとめて玉城デニー沖縄県知事に提出した。これを受けて、沖縄県は同年三月、「沖縄県地域外交基本方針」を取りまとめた。これによると、「近年の沖縄県を取り巻くアジア・太平洋地域の情勢は、軍事的な安全保障面での緊張関係と経済面での緊密な結びつきが併存している状況にある」が、「沖縄振興を安定的・継続的に推進し、沖縄県の持続可能な発展を果たすためには、地域が平和であることが大前提」であると述べている。

万一、この前提が崩れた場合、サプライチェーンによって結ばれた同地域はもとより、世界経済への大幅な打撃となることが懸念され、これにともない沖縄の社会経済にも多大な影響を及ぼす。

このため、沖縄県は政府に対し、万一にも軍事衝突等の不測の事態が発生しないよう平和的な外交・対話による問題解決を求めている。これに加え、沖縄県が自らの意志にもとづいて主体的に海外自治体等と連携し、国際社会に平和の重要性等に関する情報発信等の取り組みを行なうことや、コロナ禍で停滞した観光・物流を始めとする国際的な経済活動を早急に回復させ、各国・地域との関係構築を図るなど、地方自治体として可能な手法により地域の緊張緩和を目指して力を尽くすことが必要である。

玉城知事は元鳥取県知事で大正大学特任教授である片山善博との対談において、「沖縄は、一九〇〇年代から南米やハワイなど世界各地に移民として渡り、そこで生活してこられた方々がウチナーネットワークを形成している。沖縄の地域外交の素地はすでにできていて、今後の基本方針をしっかりと定め、沖縄だからこそアジア・太平洋地域の平和や発展に貢献できるという方向で展開していきたい」と述べている【5】。沖縄県は、地域外交の基本方針を取りまとめてきた地域外交室を格上げし、二〇二四年四月から平和・地域外交推進課が発足させた。

おわりに

平和構想提言会議は、二〇二二年一二月、「安保三文書」の閣議決定に先立ち、「戦争」の備えをするのではなく、「平和」への備えをする必要性を提言としてまとめた。軍事力による威嚇、「抑止力」の拡大は、中国や北朝鮮をしてさらなる対抗手段の拡大を促す結果をもたらすため、これまでの信頼醸成などの取り組みを無効化し、東アジア地域の不安定化につながってしまうということが、基本的な問題意識である。

他方で、日本政府は、今日、平時でも有事でもないグレーゾーン事態に対するシームレスな対応が求められる、と主張する。実際、尖閣諸島をめぐって、日常的に海上保安庁の巡視船と中国海警局の巡視船とが接近し、現場では緊張が高まっている。このような状況下にあって、二〇二四年四月二七日、石垣市は東海大学に委託して、尖閣諸島と周辺海域での環境調査を行なった。魚釣島北部ではドローン（小型無人機）を用いた動画撮影も行なったが、中国海警局の船が約一キロまで迫り、撮影は中断された。このように、法執行機関である海上保安庁と中国海警局が常に現場で緊張状態にあるという意味ではもはや平時ではなく、グレーゾーン事態と位置づける。ただ、同海域付近では、今や、軍事力である海上自衛隊と中国海軍による出動まで起きているとも言われる。

グレーゾーン事態は、放置すれば有事に至るとして、安全保障の専門家たちは積極的な対応を呼びかける。だが、緊張が高まり、偶発的な衝突が起きれば、本当に有事になってしまう。必要なことは、理性による対話の呼びかけ、そして、最悪の事態を引き起こさないために、緊張する現場の周辺に軍事力は配備しないということである。

今回の石垣市の調査では、島の水源が枯渇していると考えられ、上陸調査を国に求めるとする会見が行なわれた。またこの調査には今回、稲田朋美元防衛相も同行した。しかしこのような一方的な調査は中国をかえって刺激してしまうだけである。可能であれば、日中共同の調査が行なわれれば良いが、今の日本政府にそのような呼びかけが中国側にできないのであれば、中国政府を過度に刺激しないためにも、緊張する現場には双方とも近づかないという最低限の取り決めが必要かもしれない。もちろん暴発を防ぐためである。いま一度、私たち自身が冷静になって状況を把握し、ナショナリズムに駆り立てられるのではなく、軍事紛争を回避するために声をあげつづける必要がある。

1　南西諸島とは、九州南部に位置する薩南諸島から、沖縄島をはさんで宮古・八重山諸島に至る、約一二〇〇キロメートルにわたって点在する島嶼群を指す。
2　下地島空港から尖閣諸島までの距離は約一九〇キロであり、飛行機で、およそ一五分で到着する。これに対して、尖閣諸島から那覇空港までは約四二〇キロ、約三〇分の距離にある。
3　河上康博「米海兵沿岸連隊の作戦を支援する揚陸・輸送艦の建造計画について」

https://www.spf.org/iina/articles/kawakami_05.html（二〇二四年五月二二日閲覧）

4 小笠原欣幸「ペロシの台湾訪問が中国を『やりにくく』させた訳」『地経学ブリーフィング』二〇二二年一〇月三日、https://apinitiative.org/2022/10/03/40304/（二〇二四年五月二三日閲覧）

5 玉城デニー、片山善博「対談　それでも沖縄は声をあげ続ける」『世界』二〇二四年五月号、五一頁。

第3章

「対米従属」の現在

頼り切れない米国を励ます日本

猿田佐世

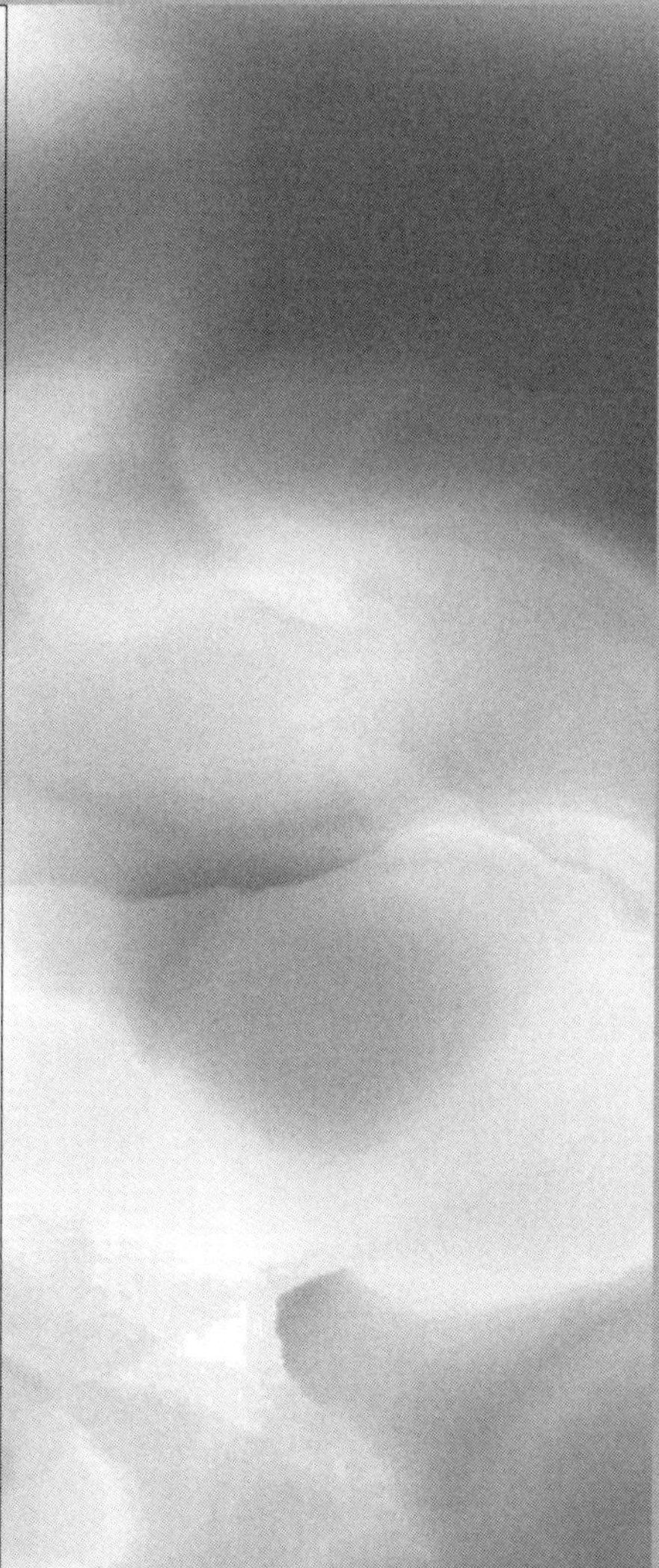

米国を励ます日本

二〇二四年四月、岸田首相はワシントンを訪問、日米首脳会談を行ない、米議会で演説した。首脳会談後の共同声明「未来のためのグローバル・パートナー」では、自衛隊と米軍の作戦・能力統合のための指揮統制の連携強化が発表された。続く米連邦議会における演説では、岸田首相は、ここ数年の日本の急速な防衛力強化をアピールし、日本は米国と共にあると訴え、日米は地域に限られないグローバルなパートナーであり、日本も責任を担うと宣言した。

米国では、ドナルド・トランプ前大統領の「アメリカ第一《ファースト》」に象徴されるように、今後は、従来のようには国際社会に関わることはしないという立場がある程度力を持ち始めている。おりしも、岸田首相の演説時にはウクライナへの軍事支援を止めるべきだという声が共和党を中心に高まっており、米連邦議会が紛糾していた。

議会演説で岸田首相は、戦後、自由や民主主義などからなる国際秩序を形作るのに米国が中心的な役割を果たしてきたことに触れ、「しかし、私は今日、一部の米国国民の心の中で、世界における自国のあるべき役割について、自己疑念を持たれていることを感じています」と述べた。その上で、岸田氏が約束したのは、アメリカの「自信を取り戻す」【1】ための日本のコミットメントであった。「日本は既に、米国と肩を組んで（shoulder to shoulder）共に立ち上がっています」「米国は独りではありません。日本は米国と共にあります」と述べ、米国だけにやらせるのではなく、日本が一緒なのだからアメリカも頑張って今まで通り世界への関与を続けてください、と頼み込んだのである。

そして、防衛力強化のアピールとともに、「日本はかつて米国の地域パートナーでしたが、今やグローバルなパートナーとなったのです。日米関係がこれほど緊密で、ビジョンとアプローチがこれほど一致したことはかつてありません」「日本が米国の最も近い同盟国としての役割をどれほど真剣に受け止めているか。……私たちは共に大きな責任を担っています」と述べて演説を締めくくった。

これは、覇権国米国のグローバルな地位からの退潮を引きとどめようという狙いでなされた演説である。米メディアでは、岸田氏が、米国が世界のリーダーの地位を維持するよう嘆願したという論調の報道も見られた【2】。

演説が自由や民主主義を前面に出しているので、一見、聞こえはいい。しかし、もちろんその意図するところは、ウクライナや中東、さらに日本の文脈に引きつけていえば、東アジア地域についての米国の覇権的地位や軍事的関与をこれまで通り維持してくれ、というものである。そして、日本が、増強した自らの軍事力を手に、「グローバルなパートナー」として日本から遠い地域の出来事にも米国と共に関わることもいとわない、というメッセージを世界に発するものであった。

実際、欧米メディアは、岸田首相の訪米をそのような内容として広く報じた。平和憲法による軍事抑制的な平和主義からの変貌について、「日本は平和憲法から脱却」（CNN）、「新しい平和主義の定義」（The Diplomat）、「平和憲法の変革」（ロイター）と報じ、また、米国との関係について、「平和主義から離れて、真の意味で米国との相互防衛パートナーになろうとしている」（Roll Call）と報じた。また、日本の防衛政策の変質について「日本は世界で三番目の軍事予算支出国になる」「日本は世界的な役割を担おうとしている」（以上、ロイター）などとも報じている。

この演説を受け、米議会上院の与党・民主党のトップ、チャック・シューマー院内総務は、「岸田首相の言葉に応えるための一番の方法は、下院が安全保障補正予算をできる限り早急に通すことである。それは、ウクライナへの軍事支援予算を認めるものだが、インド太平洋地域への予算を認めるものでもある」と、この日本からの声に応えてアメリカは動かねばならないという趣旨のコメントを述べている【3】。

また、ラーム・エマニュエル駐日米国大使は、この演説後に共和党が歩み寄りを見せて同予算が成立したことをもって「首相の演説が（米国の）目を覚まさせた」と評価しているし、翌月に首相官邸を訪れて岸田首相と面会したリチャード・アーミテージ元国務副長官も、岸田首相訪米について「私が見た外国首脳の訪米の中で最高のものだった。米国が国家として自信を取り戻すよう勇気を与えた議会演説に感謝する」と賛辞の言葉を送っている。

対米従属を超えた

戦後一貫して、日本政府の安全保障政策は「対米従属」と揶揄されつづけてきた。しかし、特にこの一〇年、日米二国間の関係は急速に変化している。

二〇一七年、筆者は書籍『自発的対米従属』（角川新書）を出版し、日本の「従属」は日本が自ら望んでいるものであることを事実とともにあぶり出した。ワシントンの経験にもとづき、日本の政府や経済界が資金や情報を提供して、日本の政権が実現したい政策について米国の識者に肯定的な発言をさせ、「日本製の（あるいは、日本が共同製作者である）米国の外圧」を作り出して自らの望む政策を日本国内で実現していく姿と手法を日本社会に紹介したのである。筆者は、このような「外圧」作成の手法に用いられるワシントンを日本の声の「拡声器」に見立て、知る人ぞ知るこの日米間に長らく続くシステムを「ワシントン拡声器」と名付けている。

従来から日本のリベラル派は日本政府に対し、「アメリカの言いなりになるな」「アメリカの声ばかり聞かずにアジアに向き合え」と批判してきた。しかし実際には、軍拡についても米国一辺倒についても、アメリカからの圧力がないとは言わないが、なによりもそれらは親米保守が大半である日本の保守派が自ら率先して望み、実施していることである。

その後、二〇二二年二月に執筆した論文「アジアでは日本に従え」（書籍『終わらない占領との決別』に収録）では、筆者は、その日本の「自発性」、「自主性」が加速したことを論じている。

この論文は、同じタイトルの米フォーリン・アフェアーズ誌の論文「アジアでは日本に従え　日米逆転はなぜ起きたか」（英文タイトルはJapan is the New Leader of Asia's Liberal Order -Washington Must Learn to Follow Its Longtime Ally in the Indo-Pacific）を端緒にしつつ、筆者の考えを書いたものであった。筆者は、その論文の「日本が、米国にも影響を与えながら、この地域をリードする存在にある」といった主張に同意した上で、その新しい日本の傾向を肯定的に評価するのではなく、米国が手を出せないことに日本が率先して関わったり、日本から米国に積極性を求めて米国に働きかけたりすることで、日本がリードしてアジア地域の対立構造を先鋭化させる場面が増加している、と批判的に述べた。筆者はその論文において、日本の積極姿勢は、すでに「対米従属」や「自発的対米従属」という表現を超えた感がある、と書いている。

そして、今。あれから二年しか経っていないとは思えないほどの急激な変化である。

日本では二〇二二年一二月に敵基地攻撃能力の保有や防衛予算倍増を決めた安全保障関連三文書が改定され、防衛産業強化法、経済安保情報保護法、殺傷能力のある武器の輸出解禁といった、日本という国の形を大きく変える政策が次々に決定され、実施に移されている。

他方、米中対立が深刻化する中、米国においては、「アメリカ第一《ファースト》」を掲げるトランプ前大統領が再び二〇二四年一一月の大統領選における共和党側の候補者となり、支持率も対するバイデン候補を超えるなど、今後の国際社会で米国がどのような役割を果たすのかわからない状況が続いている。ウクライナ戦争を境にアメリカでは孤立主義への支持率が増加しており、共和党支持の有権者に限れば、その支持は五一％に上る【4】。ウクライナへの軍事支援予算を半年近くも議会が通せない状況が続き、アメリカが世界の紛争への関与をやめるのではないかという懸念が西側諸国を覆った。

すでに、東アジア地域に限れば米中の軍事力が逆転しつつあるとの見方もあり、経済規模についても一五年以内に中国が米国に追いつくとの試算もある。

日本が、現在のように米国陣営の代表としての存在をアジアで維持しながら中国に対抗していくためには、アメリカに、東アジア地域で、あるいは国際社会全般で、これまで同様の関与を続けてもらわなければならない。そこで、岸田首相は、急速な防衛力強化を行なった上で、アメリカを訪れ、アメリカを励まし、協力を誓ったのである。

アーミテージ・ナイ報告書から見る「対米従属」の変遷

「対米従属」は、「米国の要求、あるいは方針に日本が従う」ことであると言い換えることができるだろう。であるとすれば、今見たように、現在の日本の米国への姿勢には「対米従属」ではない要素が多分に含まれている。

日本の「対米従属」姿勢の変遷は、「対米従属の象徴」とも言われる歴代のアーミテージ・ナイ報告書を追うことで端的に理解可能である。

アーミテージ・ナイ報告書とは日本の「安保・外交の青写真」とも表現される報告書である。二〇〇〇年の第一次報告書から二〇二四年四月に発表された第六次報告書まで、数年に一度発表され、日本に対する広範な政策が提言（要求）されており、発表されてから数年の間に、書かれた政策の多くを日本が実現してきたという現実がある。

執筆者は、元米国務副長官のリチャード・アーミテージ氏と元米国防次官補で国際政治学者のジョセフ・ナイ氏を中心とした一〇人前後のメンバーであり、みな現在の立場は民間の研究者である。しかし、その影響力の大きさゆえ、彼らは日米安保同盟関係に極めて重要と評価されており、たとえば、「日米同盟の守護神」とすら呼ばれるアーミテージ氏は、来日時には首相官邸に招かれ、逆に日本の政治家が訪米する際にはこぞって面談を求められるなどしてきた。第二次報告書から第六次報告書までの出版元であるワシントンの民間シンクタンク戦略国際問題研究所（ＣＳＩＳ）には、常に、日本政府や日本企業から多くの客員研究員が派遣され、多額の寄付が提供されつづけてきた。ＣＳＩＳのウェブサイトには、常に最上位の寄付者の欄に「日本政府」が掲載されている。

二〇二四年四月四日に発表された第六次報告書やその発表の際のシンポジウムでは、第一次報告書からの振り返りが行なわれた。この振り返りは、米国から日本への期待と、その期待に沿った日本の防衛力拡大の歴史そのものでもあった。

第一次報告書（二〇〇〇年）では、アメリカと一番近い同盟とされる米英の特別な関係をモデルに、冷戦後に「漂流」した日米同盟の位置づけを重要なものとして確立するために提言がなされた。そこに明記されていた集団的自衛権の行使容認、有事法制、米軍と自衛隊の施設共用と訓練の統合、ミサイル防衛に関する日米の協力拡大、秘密保護法などの提言は、現在までにすべて日本政府の手で実現されている。

第二次報告書（二〇〇七年）では武器輸出三原則の緩和やミサイル防衛強化が提言された。日本での民主党政権への政権交代と東日本大震災を経て発表された第三次報告書（二〇一二年八月）では、「日本は一等国に留まりたいか。二等国でよいならこの報告書は必要はない」と叱責がなされ、日米間の機密情報保護能力の向上、日韓の関係改善、平時から戦時までの自衛隊の全面協力を実現するための新安保制度の整備、日韓GSOMIAの締結、原発再稼働、TPP合意、自衛隊内での水陸機動団創設等が提言された。

その後、二〇一二年一二月に自民党が政権復帰した際、返り咲いた安倍晋三首相は首相就任直後にワシントンのCSISで講演を行ない、アーミテージ氏らを前に「Japan is back」と述べた。そして、その後の八年の政権の間に、秘密保護法制定（二〇一三年）、武器輸出三原則撤廃（二〇一四年）、集団的自衛権の行使容認（二〇一四年）、原発再稼働方針決定（二〇一四年）、安全保障関連法制定（二〇一五年）、従軍慰安婦問題についての日韓合意（二〇一五年）、日韓ＧＳＯＭＩＡ締結（二〇一六年）など、それまでのアーミテージ・ナイ報告書での提言事項を次々と実施していった。

このように日本で防衛力拡大の政策が積極的に進められていった結果、その後に出された第四次報告書（二〇一八年）ではそのタイトルが、「More Important Than Ever: Renewing the U.S.-Japan Alliance the 21st Centuly（かつてなく重要：二一世紀に向けた米日同盟の刷新）」とされ、自衛隊の運用や制度等についての従来よりも細かい要望が増え、日米統合部隊の創設や基地の自衛隊と米軍の共同使用、防衛予算のＧＤＰ一％以上の支出といった提言が盛り込まれた。

続く二〇二〇年の第五次報告書は「The U.S.-Japan Alliance in 2020: An Equal Alliance with a Global Agenda（二〇二〇年の米日同盟：グローバルな課題と対等な同盟）」と題し、日本を持ち上げ、「歴史上初めて日本が米日同盟を主導するか、そうでなくとも、日米が平等な立場にある」と述べた。日米の防衛協力をこれまでの「相互運用」から「相互依存」のレベルにまで高めよ、とし、敵基地攻撃能力（反撃能力）を求め、第四次同様にＧＤＰ比一％の日本の防衛費を問題視している。

この「対等な同盟」との表現を受け、日本の保守派は喜びをあらわにした。防衛大学校の神谷万丈教授は、「はるけくも来つるものかな」と、「対等」と呼ばれたことへの喜びを産経新聞に寄稿している。

「逆ワシントン拡声器」――日本頼りの知日派

そして二〇二四年四月四日に発表された第六次報告書である。「The US-Japan Alliance in 2024 Toward an Integrated Alliance（二〇二四年における米日同盟　統合された同盟に向けて）」と題するこの報告書で、何よりその特徴として挙げるべきは、アメリカの国際社会におけるリーダーシップについて深刻な疑問があるとし、短期的期間において、世界や地域におけるリーダーシップの負担は東京にかかってくると指摘している点にある。

この点について韓国の保守系有力紙である中央日報は「いざ報告書の核心は〝不確実性が大きくなるグローバル環境で米国が引き受けてきたグローバル・地域リーダーシップの重荷は短期的に日本が徐々により多く担うことになるというものであり、日本はこのような役割を果たす準備が整っている〟という一言に要約することができる」と評して【5】いる。

アーミテージ・ナイ報告書が第四次報告書から急速に日本に対する評価を高め、第六次に至っては日本こそがむしろリーダーだと持ち上げるようになったその大きな理由には、米国自身の大きな変化、すなわち国際社会における力の低下と混沌とした国内政治とがある。その具体的なわかりやすい事象は、トランプ氏というリーダーの登場である。他国との同盟に価値を見出さず、専制主義国家ロシアなどとも手を結ぼうとし、外交を「deal（取引）」としか捉えない自国大統領の誕生に、知日派たちは、他国の総理大臣であっても価値観が近く関係の深い安倍首相を頼りに、日米外交を自らの望む方向に動かそうと必死に日本側に働きかけた。知日派にとって御しやすい日本側を動かし、意のままにならなくなってしまった自国米政府に対し日本から働きかけてもらおうという考えである。筆者はこの「日本を使ってワシントンに働きかけてもらう」手法を、「逆ワシントン拡声器」と呼んでいる（『自発的対米従属』角川新書）。日本政府がワシントンを使って日本の政策を変えようとする「ワシントン拡声器」の手法の正反対だからである。

トランプ氏大統領就任の二〇一七年からこの「逆ワシントン拡声器」を利用する米知日派の動きが目についたが、二〇一八年の第四次報告書では日米同盟を「かつてなく重要」と持ち上げ、日本から米国を動かして実現してもらいたい要求内容が提言として列挙された。

第六次報告書発表（二〇二四年）の時点では、その後六年を経て、国際社会において米国の影響力はより低下し、米国社会は米連邦議会襲撃事件（二〇二一年一月）などを経てより混沌としている。第六次報告書は、この事態を踏まえながら、二〇二四年一一月の大統領選でバイデン氏とトランプ氏のどちらが当選してもアメリカの孤立主義や信頼性についての懸念は続いていくだろう、と述べている。そして、故安倍首相が「自由で開かれたインド太平洋構想（FOIP）」を提唱し、その後の日本の首相たちもこれを支持し、また、防衛力拡大を実現した日本は、国際社会において十分な役割を果たし、不安定な安保環境に対応をしている、として、日本に対する信頼と期待を綴っている。そして、日本にはリーダーシップをとることができるとした上で、「日本と、そして日米同盟への要望はより高まっていく」と述べている。

すなわち、この第六次報告書には、彼ら知日派が望む形での「世界秩序の維持」を日本にこそ果たしてもらわねばならない、という強い期待が表現されている。

第六次報告書の提言内容

では、第六次報告書には何が書かれているのか。

この報告書は、「日米安全保障同盟の発展」、「パートナーシップと連合（Coalition）の拡大」「経済および技術協力の強化」、と三つに大きく分けて提言している。

日米安全保障同盟の発展として求めているのは、指揮統制機能の再構成、インテリジェンスとサイバー安全保障の強化、および、防衛産業の推進と技術協力、である。そのために日本には、強化されたサイバー安全保障の実践とセキュリティ・クリアランス制度の拡大が必要であるとする。なお、第五次報告書で「相互依存」を求めていた日米の防衛協力については、第六次では「統合（integrated）」を目指すとしている。

続く「パートナーシップと連合の拡大」の章では、日米同盟の統合は、オーストラリア、フィリピン、韓国、台湾といった他の国との連携強化とともになければならないとし、米韓同盟との橋渡し、日米豪の安保協力の運用の具体化、フィリピンとの協力強化、台湾の対応力強化の支援や米台日対話の深化、シーレーン防衛など中東での協力強化、民主主義と法の支配の推進を求めている。

また、最後の「経済および技術協力の強化」の章では、経済安全保障に関するG7のプロセスの促進、中国の過剰生産やダンピングの撲滅のための協力、新しいFTAのモデルの検討、双方向の投資を管理する共通ルールの策定、米国のLNGの日本への新規輸出の許可、開発協力のグローバルな深化、G7に韓豪を加えることへの支持、米国の国家安全保障会議と日本の国家安全保障局による新しい経済安全保障対話を通じての経済安全保障政策の調整強化、が提言されている。

対中政策の柱として米国が安保政策の中心に据えている「格子状のミニラテラルな同盟」（インド・太平洋地域に数カ国による準同盟的な枠組をはりめぐらせる）から経済安全保障まで、網羅的に提言がなされている。

アーミテージ報告書は役割を終えた？

もっとも、今回の報告書については、一読して既視感をもった人も多いのではないか。

第六次報告書発表の六日後の日米共同声明（二〇二四年四月一〇日）や、報告書発表前後の日本国内での国会での法案審議などからは、同報告書の提言内容の多くがすでに日米政府により公式に既定路線となっていることがわかる。

そもそも本報告書のタイトルにもある「統合された同盟」については、日米共同声明が「シームレスな統合を可能に」する、としているし、報告書が求める指揮統制機能の調整についても、報告書発表前夜の二〇二四年三月末には米軍と自衛隊との連携促進のための在日米軍の司令部機能強化にむけた調整が米政府によって進められるとメディアが報じ【6】、正式に四月一〇日の日米首脳会談でも発表された。なお、第六次報告書には「二〇二五年三月までに創設される新しい日本の自衛隊合同司令部」との表現があるが、自衛隊の統合司令部の創設は、同報告書発表の一カ月後の五月一〇日に改正自衛隊法が成立して決定されたのであって、報告書発表の時点では政府案にすぎなかった。国会審議や法律の成立などは必要ないがごとき記載である。

また、経済安保のクリアランスシステム強化についての立法を提言しているが、すでに同年二月二七日の時点で、セキュリティ・クリアランス制度を含む「重要経済安保情報の保護及び活用に関する法律案」を政府は閣議決定し国会に提出していた（同年五月一〇日成立）。

日本の武器輸出の推進も提言されているが、この間、何度かにわたり輸出規制が緩和された後、ついに、報告書発表直前の三月末には殺傷能力のある兵器の輸出が閣議決定で解禁されている。

AUKUS（米英豪の軍事同盟）の第二の柱（先端技術や産業分野の協力）への参加を米国はサポートすべきと提言するが、これについてもキャンベル国務副長官が来日して、報告書発表直前の三月二一日に既に発表されていたし【7】、日米共同声明にも含まれている。

日米同盟と韓米同盟の連携についても、すでに二〇二三年八月の日米韓首脳会談で三カ国によるミニラテラル準同盟関係が形成されているし、フィリピンとの協力についても、報告書発表の一週間後、日米首脳会談に合わせて日米比首脳会談も実施され、その後、三カ国による海上保安機関による合同訓練などがすでに実施されている。

このように、「対米従属の象徴」と言われるアーミテージ報告書の提言が、発表時にはすでに多くが実現過程にある、というこれまでにない現象が起きている。

報告書の発表直後、米政府主催の会合で、筆者が「第一次報告書の時は、数々の提言に、〝こんなのどれもできるわけない〟と思ったが、今回は、〝すでに行なわれているものばかりでは？〟との感想を持った」と発言したところ、参加した何人もの日米の安保研究者から同意のコメントをもらった。

日本企業派遣のCSISの元客員研究員は、アーミテージ報告書が「少なくともアジェンダセッティングとしての役割はほぼ終えた」とまで評している【8】。

「対米従属」の現在地とこれから

第一次報告書で、米国にとって一番緊密な米英同盟を目指すべき、とされた日米関係であったが、それから四半世紀を経た今、米議会演説で日本の首相が「日本が米国のもっとも近い同盟国」とし、米国のグローバル・パートナーとして役割を果たすと述べるにまで至った。

そして、その首相演説が米議会を動かし、アメリカの駐日大使から「首相の演説が（米国の）目を覚まさせた」と評され、日米同盟の守護神とも言われたアーミテージ氏から「米国が国家として自信を取り戻すよう勇気を与えた」と感謝される時代になったのである。

さらには、「対米従属の象徴」とされるアーミテージ報告書の提言内容の多くが、報告書発表前にすでに実行に移されている――。

これが「対米従属」の現在地である。

筆者が日本の対米従属について考察した前回（二〇二二年二月）の拙稿（前述）では、現在の日本が敬仰するのは「現実に存在するアメリカ」に対してではなく、「核大国であり軍事大国として圧倒的な力を持ち、この地域に君臨する覇権国の姿であり、対立構造をステータス・クオ（現状）のまま維持してくれる『アメリカ』」であって、その期待を裏切るような様子がアメリカに見られれば、日本はアメリカを「あらまほしきアメリカ」に戻るよう懸命に働きかけを行なう、と書いた。この分析は今、なおさら当てはまる。

さらに現在、ウクライナ戦争・ガザ危機と続き、G20諸国やグローバルサウスの国々の発言力が拡大し、アメリカの覇権国としての力の低下が顕著である中、日本がアメリカを露骨に励ますほどまでに、日本は「対立構造のステータス・クオ（現状）の維持」に懸命になっている。

別の角度から見れば、今の日本が目指している世界の形や日本の役割は、日本に向けた提言書を書きつづけてきたアーミテージ氏のような米国の知日派らの狙いどおりに規定されているともいえる。

忘れてはならないのは、米政府の日米同盟についての政策もしかり、知日派たちが出してきたアーミテージ報告書もしかりであるが、彼らは日本のために良かれと思って政策を作ったり提言を出したりしてきたわけではないし、そもそも米国の利益と日本の利益は異なる、ということである。

第四次報告書発表のシンポジウムで、アーミテージ氏は、「この報告書を出すのは日本が好きだからではなく、我々がアメリカを愛しており、アメリカの利益になるからである」と述べている。これは、当たり前のことなのだが、実は日米同盟全体について日本人が忘れがちな点である。米国政府も知日派も、その目的はアメリカの国益の最大化であり、日本のために日本と関わりを持っているわけではない。彼らの利益に資するからこそ日本をリーダーだと持ち上げ、日本に感謝を表明しているだけで、それが日本のためかどうかなど彼らにとっては関心外である。

また、本稿で触れた「拡声器」「逆拡声器」のシステムは既得権益層が国境を越えてつながり、自らの利益を維持・拡大しようとするツールにすぎないことも指摘されねばならない。米知日派たちは、自らの期待する結果を自国米国から十分に引き出せなくなる場面で、日本をこれまで以上に利用しようと努力をし、日本を「逆拡声器」として利用しているにすぎない。そして、米国や米知日派の影響力を良しとしてその周りを取り巻き、彼らの声を使いながら日本の防衛能力拡大を実現していく「ワシントン拡声器」利用者たちが日本の既得権益層である。

「対米従属」の現在地は、「既得権益層による安保政策の支配」であって「日本が米国に従っている」わけではない。

日本が、「主人」であったはずのアメリカさえも時に駆り立てながら突き進む状態が、本当に日本に住む私たち一人ひとりのためになるのか、ということを考えることが、今、決定的に重要である。

本稿に与えられた主題は「対米従属の現在」というものであるため、詳細は別稿に譲るが、世界では、中国の急速な台頭のみによらず、米国の言うところの「民主主義と権威主義の闘い」において世界の多数を占めるグローバルサウスは中立的地位を主張しており、米国を主とした西側中心の国際秩序は「終わりの始まり」にさしかかっている。

日本国内を見ても、そのアメリカの既得権益層を支持する過程で、安全保障政策は、集団的自衛権の行使、敵基地攻撃能力の容認、武器輸出の促進等、何度も「歴史的大転換」を迎えてきた。しかし、人々の声を示す世論調査を見れば未だなお多くの国民が日本の安全保障政策は「専守防衛」であるべきと考えている（猿田「なぜ日本政府は、国民の声に耳を貸さないのだ」――読売、時事、朝日の世論調査が映し出す政府との認識のずれ」AERA.dot 二〇二四年五月八日）。事実、ほとんどの日本人には既得権益層が喧伝する「グローバルな規模で軍事的な面も含めての日本の関与」を行なうことの覚悟など、まったくない。

「台湾有事」もささやかれる中、時遅しとはいえ、そろそろ日本人の私たちも自国のあるべき方向性について、しっかりと自らの頭で考え、国民的議論を経ながら検討し決定していかねばならない時期が来ているのではないだろうか。

1 https://www.theguardian.com/world/2024/apr/11/japan-prime-minister-

congress-address

2 https://thehill.com/policy/international/4588282-japan-kishida-congress-address/

3 https://apnews.com/article/japan-prime-minister-congress-address-3c22f1b1e8d0003f27ade8789a8c4a43

4 https://pro.morningconsult.com/trackers/public-opinion-us-foreign-policy

5 https://japanese.joins.com/JArticle/317268?sectcode=A00&servcode=A00

6 https://www.yomiuri.co.jp/world/20240324-OYT1T50113/

7 二〇二四年四月九日にはＡＵＫＵＳの三カ国が検討していることを明らかにしている。https://www3.nhk.or.jp/news/html/20240409/k10014416341000.html。

8 https://www.nttdata-strategy.com/knowledge/reports/2024/240416/

第4章

変容する日本の国際援助

今井高樹

日本の「国際協力」が変容している。

「平和国家」を掲げて国際協調を重視してきた戦後の日本は、非軍事での国際協力で世界に貢献するという姿勢を貫いてきた。それは日本国憲法にもとづくものであると理解されてきた。

しかし、国際協力を日本の「国益」実現のための「ツール」とする動きが徐々に強まり、今やそれは国家安全保障戦略に組み込まれ、「国際協力」の名のもとに武器を他国に援助するところまで至ってしまった。この章では、ここに至る流れと、国際協力の「軍事化」の現在地を考えてみたい。

平和国家としての国際協力

第二次世界大戦後、日本は援助を受ける立場としてアメリカや世界銀行からの援助を受けて復興の道を歩み始めるが、やがてみずからが援助を行なう立場となる。一九五四年、日本はアジア及び太平洋地域諸国の地域協力機構であるコロンボ計画に加盟して政府開発援助(ODA)を開始した。この年は、戦後日本の国際協力の「元年」と認識され、外務省は二〇二四年に「国際協力七〇周年」の記念事業を行なっている。

当初、日本のODAは第二次大戦前に日本が侵略行為を行なったことに対する賠償として、フィリピン、ベトナム、ビルマ、インドネシアを対象に開始された。

賠償として始まりながらも、経済インフラ開発を中心になされた援助は、日本の企業進出を助ける側面が強く、その後、一九六〇〜七〇年代を通じて金額は増加していった。

東南アジアへの侵略を行なった日本が、こんどは経済進出を強めることに現地の人びとから大きな反発が起き、ジャカルタでの反日暴動などにも発展した。このような事態を受けて一九七七年に日本政府は当時の福田首相がマニラで有名な「福田ドクトリン」を発表する。その内容は、「日本は軍事大国とならず世界の平和と繁栄に貢献する」ことを第一の原則として、「ASEAN各国と心と心の触れあう信頼関係を構築」「日本とASEANは対等なパートナーであり、日本はASEAN諸国の平和と繁栄に寄与する」と合わせた三つの原則だった。

なお、この前年にあたる一九七六年には三木首相が政府統一見解として武器輸出の原則全面禁止を表明しており、この時期に「平和国家」としての意思表示が続いていることは注目に値する。これらは、平和憲法の理念を具現化したものと評価できる一方で、日本の経済進出にあたって平和国家であると見せることが必要だった、と指摘することもできるだろう。

その後、日本のODA拡大は続き、一九八九年にはアメリカを抜いて世界第一の援助大国になった。しかし同時に、大規模インフラ開発中心のODA事業がもたらす現地住民の強制移転や環境破壊をはじめとする問題も数多く指摘されるようになっていった。

憲法前文と「非軍事原則」

日本の国際協力あるいは政府開発援助については、実はそのあり方を規定する法律が存在しない。少なくとも一九七〇年代にはその問題が国会で提起され、その後、ODAをめぐる諸問題と合わせて繰り返し「ODA基本法」の法制化が議論された。しかし法制化には至らず、閣議決定による政府方針としての「ODA大綱」が一九九二年に制定された。その後、約一〇年ごとに改定を重ね、二〇一五年からは「開発協力大綱」に名称が変更されている。

一九九二年の「ODA大綱」には以下の四つの原則が掲げられている。

①環境と開発の両立
②軍事的用途及び国際紛争助長へのODAの使用の回避
③軍事支出、大量破壊兵器・ミサイルの開発・製造、武器の輸出入等の動向への十分な注意
④民主化の促進、市場志向型経済導入の努力並びに基本的人権及び自由の保障状況への十分な注意

このうちの②が「非軍事原則」と呼ばれるもので、二〇二三年に改定された最新の「開発協力大綱」に至るまで、内実はともかく文言自体はほぼ変更されずに維持されている。政府にとってもそう簡単に手をつけられない重みのある基本原則だと思われるが、その根

拠となるのは、やはり日本国憲法の前文である。

そもそも国がODAを実施すること自体について、様々な議論や研究の中ではその正当性を憲法前文に求めることが多い。ODAに関する法律の制定が初めて国会で議論された一九七五年に、田英夫参議院議員（当時）は法案提出の説明において、憲法前文の「日本国民は、恒久の平和を念願し（中略）、平和を愛する諸国民の公正と信義に信頼して、われらの安全と生存を保持しようと決意した」「われらは、全世界の国民が、ひとしく恐怖と欠乏から免れ、平和のうちに生存する権利を有することを確認する」「われらは、いづれの国家も、自己のことのみに専念して他国を無視してはならない」といった記述に依拠して国際協力の意義や重要性を述べている。日本政府自身、二〇一五年の「開発協力大綱」では憲法前文のこの箇所を部分的に引用しながらODAの意義を説明している。

後述するように、いま政府・外務省は「非軍事原則」を「ODAにのみ適用されるもの」であり、それ以外の対外援助、具体的には「政府安全保障能力強化支援（Official Security Assistance 以下OSA）」での武器の無償援助には適用されない、という解釈を行なっている。しかし、そもそも「非軍事原則」が最高法規である憲法の前文にもとづくものであるならば、それは日本政府が行なう国際的な協力において広く適用されるものと解釈すべきだろう。

「対テロ戦争」と国際協力

二〇〇一年にアメリカで同時多発「テロ」事件が起き、そのあとにアメリカを中心とする西側諸国が始めた「対テロ戦争」は、日本の外交・防衛戦略、そして国際協力のあり方に大きな影響を及ぼした。端的に言えば、日本が「対テロ戦争」に参加あるいは協力する形で自衛隊の海外派遣、米軍への協力が進み、ODAの分野においては「テロ対策」を理由に相手国の治安当局への協力案件が増加した。また、米軍がアフガニスタンで実施した「軍による人道支援」は、日本の国際協力において軍事活動と人道支援との境界線の曖昧化につながることとなった。

二〇〇三年、アメリカのイラク攻撃によりサダム・フセイン政権が倒れ、新たな政府が樹立されたが、この政府に対して日本は二〇〇四年、治安対策の名目で内務省（警察）に一〇〇〇台以上の車両と防弾車等を供与した。しかし、当時のイラク内務省は特定の政治・武装勢力の影響下にあり、内務省所属の秘密特殊部隊はバクダッドで誘拐・拷問・虐殺を繰り返していることが国連人権報告書でも報告されている。当時、日本の市民団体が外務省に対して、供与した車両がどのように使われたかのモニタリングや情報開示を求めたが、外務省が応じることはなかった。

「テロ対策」名目でのODAによる支援は、その後、多数行なわれることになるが、フィリピンやカンボジアなど、国内での治安弾圧が国連で問題にされている国に対しても車両や防護具、顔認証システムなどが援助されている。しかし軍や治安機関への援助については、支援後の使用状況がほぼ明らかにされないため、それが国連で報告されるような治安弾圧に使われていない保証はない。

アフガニスタンで米軍は大規模な「人道支援」を実施したが、軍が人道支援活動を担うことは、人道支援団体が軍と勘違いされるといった事態を招き、人道支援活動の政治的中立性を大きく損ねるものだった。その後、人道支援（あるいは災害支援）との境界はますます曖昧になり、今ではODAやOSAを使った他国の軍への支援が、「人道支援活動目的」だとして正当化されるようになっている。しかし「人道支援」「災害支援」目的で供与された資機材であっても、有事の際に「これは目的外だから日本との約束どおり使わないでおこう」となることは考えられないだろう。

「対テロ戦争」の開始は、それまで国家と国家との関係において考えられてきた自衛権などが、「テロリスト」という非国家主体（本来は警察権の対象）に対しても適用され、国家と非国家との区分の溶解と安全保障の概念の変容につながっている。これは今のガザで起きていること（イスラエルがハマスを攻撃するうえでの「自衛権」の解釈）にもつながる問題である。

他国軍を支援対象に加えたＯＤＡ

二〇一〇年代、安倍政権下で武器輸出や安全保障政策に関わる大転換が図られる。二〇一四年には集団的自衛権の行使容認、防衛装備移転三原則の制定（武器輸出の解禁）がなされ、二〇一五年は安全保障法制が制定された（施行は二〇一六年）。

私たち国際協力ＮＧＯにとっては、国連ＰＫＯが展開する紛争地で、現地で活動する邦人職員が戦闘に巻き込まれた時、ＰＫＯに派遣された自衛隊が駆けつけるという「駆けつけ警護」の導入は、衝撃的な内容だった。実際には不可能と思われる、そして無理に実施すれば戦闘に巻き込まれるリスクが高いオペレーションをあえて法制化する動きに、邦人保護を名目にして自衛隊の海外での活動領域を増やすことに躍起になる政府の意図を感じた。

こうした動きに並行して、二〇一五年、前述した「ＯＤＡ大綱」が「開発協力大綱」に名称を変更して改定された。そこでは、多くのＮＧＯの反対の声にもかかわらず、他国の軍・軍関係者を対象としたＯＤＡが解禁されるという大きな変更が加えられた。改定後の「大綱」では、「開発協力の実施に当たっては、軍事的用途及び国際紛争助長への使用を回避する」と述べられてはいるものの、それに続けて「民生目的、災害救助等非軍事目的の開発協力に相手国の軍又は軍籍を有する者が関係する場合には、その実質的意義に着目し、個別具体的に検討する」の一文が加わった。

そもそも、先のアフガニスタンの事例で述べたように、非軍事目的の開発協力に軍が関与すること自体、軍事と非軍事の境界線を曖昧にする問題をはらんでいる。だが、この改定によって、それ以降はODAによる他国軍への支援が相当な件数でなされている。

具体的には、通信技術や測量技術（海図作成）の軍関係者への研修、災害救助のための資機材の提供、軍も関わる通信設備の支援、軍の指揮下にも入り得る沿岸警備隊への巡視船供与、民軍共用の空港や港湾の整備、などである。これらが「非軍事目的」であるのは、災害救助、違法漁業取締り、密輸防止、海賊対策等々だからとされるが、仮にそれらが目的であっても、完成した海図や通信設備、船舶、空港や港湾は、軍事的な活動にもそのまま役立つものだろう。また、後述するフィリピンの事例のように、ODAで支援された機材が、明らかに国家間の領有権争いの前線に投入されている実態もある。

世界の分断を助長する「自由で開かれたインド太平洋」構想

二〇一〇年代後半から、日本政府は「自由で開かれたインド太平洋（Free and Open Indo-Pacific）」ビジョン（以下、FOIP）を対外戦略の中心に据えている。二〇二二年の「安保三文書」の中心となる「国家安全保障戦略」においても以下のように記載されている。

「このようなインド太平洋地域において、我が国が、自由で開かれたインド太平洋というビジョンの下、同盟国・同志国等と連携し、法の支配に基づく自由で開かれた国際秩序を実現し、地域の平和と安定を確保していくことは、我が国の安全保障にとって死活的に重要である」（八ページ）

「インド太平洋」という概念は、二〇一〇年代にアメリカ、アジアをはじめ各国が広く用いるようになったが、日本のFOIPは、二〇一六年に第六回アフリカ開発会議の演説で安倍首相（当時）が提唱したとされる。「日本は、太平洋とインド洋、アジアとアフリカの交わりを、力や威圧と無縁で、自由と、法の支配、市場経済を重んじる場として育て、豊かにする責任を担います」。演説において「力や威圧」が中国を指していることは疑いなく、基本的にこのビジョンが、「開かれた」という名称とは裏腹に中国への対抗策あるいは封じ込め策であることは明らかである。実際、中国の海洋進出に対抗するように、ベトナムやフィリピンを中心に日本は前述したODAによる巡視船の供与や自衛隊による能力構築支援を進めてきた。

しかし、他の国々が作成している「インド太平洋」戦略を見ると、必ずしも日本と同じトーンではない。二〇一九年にインドネシアの主導によりASEANが合意した「インド太平洋構想（AOIP）」は、「包摂性」や「競争よりも対話の重視」を掲げ、中国とも協力できる枠組みになっている。そもそもアメリカ（や日本）が中国を排除した形でインド太平洋戦略を策定したことへの危機感から、インドネシアはこのような構想を打ち出したとも言われる。

いま、米中双方から影響力の行使を受ける東南アジアの国々は、国ごとの温度差はあるものの、どちらかの陣営に完全につくのではなく対話、協調を求めている。アメリカ寄りと見られる国でも、経済的に強い関係を持つ中国との敵対を望んでいるわけではないだろう。これは、フィジー、ソロモン諸島などの太平洋島しょ国も同じ状況にあると言える。

そのような国々に対して、日本のビジョンに沿った支援で自陣営に取り込もうとすることは、相手国を困惑させ、国際的な緊張を高めこそすれ緩和することにはならないだろう。最近では、ドゥテルテ政権からマルコス政権に変わったフィリピンに対して日本・アメリカが自陣営に組み込む動きを強力に進めている。二〇二四年四月の岸田首相訪米時には異例ともいえる米日比三国首脳会談が実施された。このような動きは、南シナ海をめぐるフィリピンと中国との争いにおいて双方の態度を硬化させて和解の機会を摘み、一触即発の状況をさらにエスカレートさせるのではないだろうか。

領有権争いの最前線に日本が支援した船艇

フィリピンは、日本の武器輸出において完成品の輸出が現時点で実施された唯一の国である。また、二〇二三年に新しい武器無償援助の仕組みとして導入されたOSAでは最初の供与対象国であり、翌二〇二四年度にも二年連続して対象国になっている。なお、完成品の輸出とOSA（政府安全保障能力支援）での支援はいずれもレーダー施設であり、フィリピンと自衛隊とのレーダー情報システムの共有が今後進むとの専門家の見方もある。

南シナ海でのフィリピンと中国との領有権争いは二〇二三年から二四年にかけて一触即発の状態が続いている。しかし、この最前線に投入されているフィリピン沿岸警備隊の巡視船を支援したのが日本であることは意外に知られていない。

フィリピンは同海域で自国の排他的経済水域（EEZ）内にあるアユンギン礁に老朽軍艦を意図的に座礁させ、兵員を駐留させて実効支配の拠点としている。一方で中国もアユンギン礁（中国名：仁愛礁）の管轄権を主張している。老朽軍艦への補給をするため、フィリピン海軍は補給船をチャーターし、それを日本が支援した沿岸警備隊の巡視船が護衛をしている形だが、中国側がそれに反発し、海警局や中国の民間船がフィリピン側の補給船や巡視船に衝突、あるいは放水銃を向け、船の破損や乗組員が負傷する事態も起きている。

放水銃により被害が出ている状況を「軍事攻撃」ととらえるならば、アメリカはフィリピンとの相互防衛条約にもとづいて軍事介入をしなくてはならない。仮にアメリカと中国が軍事衝突した場合、日本はどうするのか。「存立危機事態」と判断して集団的自衛権を行使するのか。事態はそこまで切迫している。

日本はこれまでODAでフィリピン沿岸警備隊に対し一二隻の巡視船を支援している。

これらはフィリピン沿岸警備隊の主力船舶となっており、とりわけ沖合での巡回業務が可能な大型多目的船については三隻中二隻の九七メートル級巡視船が日本のODAで支援されたものである。そしてさらに五隻の大型巡視船の支援が、二〇二三年一一月に岸田首相がフィリピンを訪問した直後に発表された。この訪問では、フィリピンの間で部隊間協力円滑化協定（RAA）の交渉開始、OSAによる沿岸監視レーダーシステム供与、外交・防衛閣僚会合（「2＋2」）の実施、といった内容が確認された。

巡視船の供与がフィリピンの対中国での安全保障能力強化であることは、その運用実態からも政策的な流れからも明らかである。ODAでは非軍事目的での支援のみが認められるので、これは明らかに「非軍事原則」に抵触する。しかしそれについて外務省は二〇二四年三月のODA政策協議会の場で、海賊対策や違法漁業取り締まりなど「経済社会開発の目的」のための巡視船支援であると答え続けた。

二〇二四年四月、報道に目を疑った。フィリピン近海で行なわれる米軍とフィリピン軍との合同軍事演習「バリカタン」に、日本がODAで支援したフィリピン沿岸警備隊の巡視船二隻が参加したのである。ついにここまで来たか、である。

国際協力という名の武器援助

二〇二二年一二月に閣議決定された「国家安全保障戦略」には「ODAを始めとする

国際協力の戦略的な活用」という項目が設けられ、「FOIPというビジョンの下、自由で開かれた国際秩序を維持・発展させ、国際社会の共存共栄を実現するためにODAを戦略的に活用していく」と記載された（一六ページ）。

国際協力とは、人間の安全保障の実現、貧困削減や気候変動への対処など、地球的規模の課題を解決するためのものである。そうした理念にもとづくからこそ、日本は世界から信頼を得ることができると国際協力NGOをはじめ市民社会は考えてきた。「開発協力大綱」が改定を重ねる中で、協力の目的は（狭い意味での）「国益」の実現という表現が徐々に増えてきていたが、この「国家安全保障戦略」においては、国際協力というものが国家の安全保障政策実現のために「活用」される存在として位置づけられた。国際協力NGOである私たちにとってはショッキングな内容である。

もちろん、ODAの戦略的活用の内容として「地球的規模の課題解決」も記載はされているが、前述した巡視船支援のような「海洋安全保障」や「経済安全保障」も並列して扱われている。

そして、何より私たちを驚かせたのは次の一節だった。

「同志国との安全保障上の協力を深化させるために、開発途上国の経済社会開発等を目的としたODAとは別に、同志国の安全保障上の能力・抑止力の向上を目的として、同志国に対して、装備品・物資の提供やインフラの整備等を行う、軍等が裨益者となる新たな協力の枠組みを設ける」

この「新たな協力の枠組み」は二〇二三年度予算に計上され、すでに述べたように、「政府安全保障能力強化支援（OSA）」という名称で実施が始まった。外務省が管轄する。

マスコミ報道では、ODAによる対外援助は「非軍事原則」があるために軍事目的での相手国支援ができないため、OSAという別の支援スキームが設置されたと解説されていた。これをもって、日本が平和国家として維持してきた国際協力の「非軍事原則」は事実上破棄された。

多くの市民から外務省に対して抗議、質問が寄せられたが、外務省は一貫して「OSAはODAとは全く異なるスキームで、非軍事原則は適用されない」との説明を繰り返した。しかし、先に述べた通り、憲法前文の精神を体現したものとしての「非軍事原則」は、ODAだけに適用されると狭く解釈すべきではないだろう。

OSAの危険性

OSAをひとことで説明すれば、「同志国」に対する武器の無償援助である。

「同志国」とはいったい何なのか、市民・NGOと外務省との協議の場で、外務省は「目的を同じくする国々」以上の説明はせず、具体的な国名にも決して言及しない。しかし、実際の供与国をみれば、二〇二三年度実績はフィリピン、マレーシア、フィジー、バングラデシュ、二〇二四年度は候補としてフィリピン、インドネシア、パプアニューギニア、ベトナム、モンゴル、ジブチがあがっており、中国に対する包囲網づくりとみることができる。

アメリカを中心とする西側諸国と中国・ロシア（または「自由主義陣営」と「権威主義陣営」）との分断が深まる中で、ASEAN諸国について先に述べたように、グローバルサウスと呼ばれる国々の多くは、アメリカと中国との覇権争いから距離を置こうとしている。アメリカと軍事同盟を結ぶ日本が、そうした国々を「同志国」と認定し自陣営に引き込もうとすることは、米中の覇権争いに相手国を巻き込み、国際的な緊張や分断を高める行為にほかならない。

供与する武器はいったいどのようなものなのか。現時点では、沿岸監視レーダー（フィリピン）、警戒監視用機材（マレーシア）、警備艇（バングラデシュ、フィジー）といった内容だが、フィリピン巡視船に関して述べたように、こうした通信施設や船舶は海上での領有権争いの前線や後方支援に投入されうる。あるいは、監視用施設として国内での治安弾圧にも用いることができる。OSAでの供与機材は「防衛装備移転三原則」とその運用指針に従うことになっているので、「三原則」の緩和によって、OSAで殺傷性武器が無償供与されることにもなるだろう。

そして重要な点は、OSAの対象に、フィリピンのような軍・警察による深刻な人権侵害が国連の場で報告されている国が含まれていることである。イラク戦争後のイラク内務省への援助の例を見るまでもなく、国際政治の要請によって、あるいは「同志国」に引き込むためにガバナンスが脆弱な国（強権的な体制は多くの途上国に共通する）に武器を援助することは、それが国内の治安弾圧に使われて人権侵害を助長したり、内戦に使われて市民を殺傷したりするリスクを伴うことを忘れてはならない。アメリカが巨額の軍事援助が続けてきたイスラエルによるガザ攻撃は、そのひとつの例である。

マスコミ等を通じて、日本政府・外務省関係者からは「OSAは相手国の政府高官から非常に喜ばれる」との声が聞こえてくる。権力を持つものにとって、権力を支える軍事力を直接に支援してくれる日本の援助が学校建設などよりも格段にありがたいのは確かだろう。しかし相手国の市民の立場から見ればどうなのか。自分の国の軍隊は信用できないと市民が感じている国は少なくない。

OSAが日本の軍需産業の支援策・救済策であることも指摘しなくてはならない。国際競争力に乏しい日本の軍需産業にとって、日本政府が武器を買い上げて他国に供与するOSAはありがたいはずである。

安保三文書や防衛装備移転三原則などの重要政策と同じく、このOSAも国会での審議を経ることなく、閣議決定と国家安全保障会議で決定された。初年度予算は二〇億円と規模が小さかったが、その実施を通して運用体制を整え、今後の拡大を目指すとされている。二〇二四年の予算は倍増の五〇億円となった。供与先での具体的な運用の実態を含め、私たちは監視を強めなくてはならない。

日本への信頼が失われる

日本の国際協力は、戦後賠償や日本の経済進出のためのインフラ整備といった面はありながらも、憲法前文の精神を具現化するものとして非軍事的な方法で実施されてきた。それは「福田ドクトリン」や三木内閣による武器禁輸の政府統一見解が発表された一九七〇年代までに、外交における国際協調主義（全方位外交）や、武器輸出の禁止といった基本政策と合わせて確立されたものだと言える。

私なりに解釈するなら、国際協調によって国家間の緊張を和らげ、武力には訴えず、日本が国際社会の中で信頼される地位を占めることが自国の安全保障につながる、という考え方である。

これに対して、特に二〇〇〇年代の「対テロ戦争」以降は、「テロリスト」や「敵性国家」の脅威が喧伝され、それらを殲滅あるいは抑え込むことが安全につながる、という考え方が日本の政策にも入り込む。二〇〇〇年代以降は「北朝鮮」が「脅威」とされ、その後、中国、ロシアが続くことになる。

いま国際社会で世界の平和について議論する際に、「平和」よりも「安全」がキーワードになっていると言われる。端的に言えば、平和な世界を作るのではなく、平和でないことを前提に「脅威」に対する抑止力を高めることで安全が実現される、という考え方である。そのためには、アメリカを中心に「敵」を共有する「同志国」の協力関係によって軍事力を増強することが重要になる。必然的に軍事ブロック的なものを形成することになるし、その行為が「国際協力」と呼ばれるまでになっている。

しかし、今の世界情勢を見た時に、果たしてそれは現実的なやり方なのだろうか。グローバルサウスと呼ばれる国々が力をつけ、アメリカを中心とした西側諸国が優位性を失いつつあることは誰の目にも明らかだ。経済力だけではない。昨年からのガザ危機において、イスラエルを支持するアメリカと西側諸国は、道徳的な意味でもグローバルサウスからの信頼を失っている。

中国やロシアがいいと思ってはいなくとも、アメリカの独善的な支配はもうたくさん、そう感じている国々と市民は世界に多いのではないだろうか。

そんな時に、アメリカ一辺倒で軍事同盟を強化するほど危うい政策はない。世界が分断され紛争が日常化する中で、どちらかの側につくのではなく、平和主義を掲げて人権や人道を重んずる姿勢を貫くことこそ、グローバルサウスをはじめ世界からの信頼を集め、戦争に巻き込まれるリスクを下げるのではないか。日本国憲法の精神は、今の世界情勢の中で再評価されてよい。

私たち海外で活動するNGOは、平和国家としての日本に対する各国の人びとからの信頼を肌で感じてきた。いざという時には、こうした信頼によって身の安全が守られることもあった。

二〇二三年からガザへの攻撃が続くパレスチナでは、私たちが派遣している現地駐在員が「日本に対する見方が変わった」と実感するという。これまで、イラク戦争を始め中東での紛争に直接的な武器援助や軍事介入をしなかった日本は「欧米とは違う」と見られ、第二次大戦の惨禍から復興を成し遂げたことも相まって、パレスチナの人びとの信頼を集めてきた。しかし、ガザ攻撃が始まって以降、アメリカに配慮した国連安保理での投票行動（徐々に変化したものの）によってその信頼は失われてきた。

このままでは、日本が積み上げてきた財産ともいえる、世界各地での日本への信頼や尊敬は瓦解する。それは、私たち自身を危うくすることにほかならない。

第5章

軍事費増大の構造と歴史

山田 朗

はじめに

本稿の目的は、最近（おおむね二〇一三年以降）において日本政府が推進する日米同盟を基軸にした防衛政策（戦略）と軍備拡張、とりわけ急激に増加しつつある軍事費の投入が、日本の兵器体系を質的に変化させ、アジアにおける緊張を高め、近い将来に、戦争に結びつく危険性があることを指摘することにある。

戦争に至る危険性を認識するためには、過去の戦争がどのように起こったのかを検討することが一つの有益な手段であるので、本稿では、まず、①近代日本における軍事同盟と軍備拡張（軍事費の増大）がどのように戦争に結びついたのかを、昭和戦前期の事例から確認する。そして、現代における世界の二極化の進展がアジアにおいては米中対立を激化させ、そこに日本が軍備拡張という路線でアメリカ側を支援することで、世界規模での軍備拡張の連鎖を生み出し、戦争がどこで発火するか予想がつかない極めて危険な状態をもたらすこと、つまり、②二〇二二年版「安保三文書」に示された現代日本の軍事政策（戦略）と軍備拡張が内包する危険性を確認し、防衛予算の増大が兵器体系の質的転換をもたらすことを指摘したい。

1 昭和戦前期の軍備拡張と戦争の教訓

日本近代史における顕著な軍備拡張期

明治維新からアジア太平洋戦争敗戦までの日本近代史において顕著な軍備拡張の時期が三回ある。ここで「顕著な軍備拡張」というのは、とりあえず、戦時以外で、一般会計国家予算の四〇％以上が軍事費（陸海軍省費）に投入された、ということを基準にする。そのような基準を設定してみると、顕著な軍備拡張年度（平均軍事費比率）は、

①　日清戦争と日露戦争の間の一八九六年から一九〇〇年の五年間（四六・九％）
②　第一次世界大戦直後の一九一九年から二二年の四年間（四六・二％）
③　日中戦争前の一九三四年から三七年の四年間（四五・八％）

ということになる（山田・一九九七、一〇～一一頁）。

三つの時期に共通しているのは、軍事大国への接近や軍事同盟が背景にあるということである。①の時期は、世界の超大国イギリスへの接近、そして日英同盟を締結（一九〇二年）しているし、②の時期は、日英同盟の末期（日英同盟は一九二三年に廃棄される）にあたる。③の時期は、ドイツへの接近、防共協定から日独伊三国同盟（一九四〇年）へと傾斜しはじめる時期である。軍事大国に接近したり、軍事同盟を結んだりするということ

は、同盟国と共通の「敵」に対抗するということであり、いずれの時期も仮想敵国を設定し、軍事力の抜本的な強化が目指された。

軍事同盟と軍備拡張（軍事費大量投入）の帰結は何であったのか。①の時期は、言うまでもなく日露戦争（一九〇四～〇五年）である。②の時期は、財政破綻の危機であったが、ワシントン海軍軍縮条約の結果、それは回避された。③の時期は、第二次世界大戦である。

アジア太平洋戦争に帰結した軍備拡張——世界的な軍備拡張の潮流

一九三〇年代半ば以降の世界的な軍備拡張の最大の要因は、海軍軍縮条約の失効にあるが、一九三一年に日本が満州事変を起こし、「満洲国」を建国して力による国際秩序の現状変更を始め、世界恐慌下の世界をさらに不安定化させたことも重要である。日本は一九三三年に、自らが常任理事国であった国際連盟からの脱退を通告すると、ドイツ・イタリアもそれに続き、国際連盟の秩序維持機能は低下した。また、ソ連の経済建設に伴う軍備拡張と一九三五年のドイツの再軍備宣言は、欧米諸国を陸軍力・空軍力の拡張へと向かわせた。

そのように世界的に軍備拡張の機運が高まる中、極東で勃発したのが日中戦争であった。だが、一九三七年七月に盧溝橋事件が起こるよりも前に、すでに日本海軍はポスト軍縮時代の新型戦艦・航空母艦の建造準備を整えており、同年一一月には「大和」型戦艦一番艦を呉海軍工廠において、一二月には「翔鶴」型航空母艦一番艦を横須賀海軍工廠において起工した（ともに一九四一年に完成）。また、同じく海軍は、五月に次世代艦上戦闘機の性能スペックを盛り込んだ「十二試艦戦計画要求書」（「十二試艦戦」とは昭和一二年度に試作を始める艦上戦闘機という意味で、後のいわゆる零戦のこと）を競争試作企業である三菱重工業と中島飛行機に提示していた（堀越・一九八二、一三二頁）。

軍拡の加速：臨時軍事費特別会計の設定

このように軍備拡張の準備が整い、さらに軍事費が必要なときに日中戦争が起き、軍備拡張にさらなる拍車がかかった。それは、一九三七年九月に臨時軍事費特別会計（臨時軍事費）が設定されたからである。臨時軍事費は、通常の一般会計予算とは全く別枠で、公債を原資として設定されるもので、戦費調達を目的としつつも用途に制約はなく、また、一度設定されると年度を跨いで何度でも「追加」が可能で、議会での承認は金額だけで、内訳（使途）を示すことも、決算報告も必要とされなかった。実際、設定以降、臨時軍事費は一九四五年二月までに一二次にわたって追加され、総額二二一〇億円以上が計上された。臨時軍事費の設定によって軍事費は飛躍的に拡大した。たとえば、一九三七年の一般会計軍事費は、約一二億三七〇〇万円だったが、同年の臨時軍事費は約二〇億三四〇〇万円であり、軍事費総額で前年度の一般会計の二・六倍にも達したのである（大蔵省・

一九五五、一九九頁)。

臨時軍事費は公債を原資としたので、国民への公債購入キャンペーンが展開されたが、とても膨大な軍事費を賄い切れるものではなく、けっきょく、膨大に発行された戦時公債の七〇%は、日本銀行が引き受けて、政府に資金を提供していたのである。

軍事費の膨張による兵器の質的転換

軍事費の膨張は、兵器の質的転換をもたらし、既成の戦略を追い越して新たな戦略を生み出すことがある。一九三〇年代以降の日本の軍拡では、まさにその「追い越し」が起こったことが知られている。

海軍軍縮条約が有効であった頃から条約の抜け道を探し、それを見つけたのは日本海軍であった。軍縮条約は、航空母艦の個艦規模と保有量(総トン数)を制限していた。搭載する航空機数についての規定はないものの、母艦が制限されれば、おのずから搭載機の数も一定の制約を受ける結果となる。だが、地上基地から発進する航空機については何の制限もなかった。また、母艦に搭載する航空機であっても、通常は地上基地で活動していれば、戦時に予備戦力として母艦に移動させることもできる。日本海軍は、空母ではなく地上基地をホームとする航空部隊を設置するとともに、地上基地専用の双発航空機を開発することで空母戦力の「劣勢」を補おうとしたのである。それを実現したのが、「中攻」と呼ばれた九六式陸上攻撃機（一九三五年完成）で、この「陸上攻撃機」とは双発で陸上から発進し、四〇〇〇kmを超える航続力を有し、爆撃も雷撃（航空魚雷による対艦攻撃）も可能な機種であった。ロンドン条約以降、大艦巨砲主義が主流の日本海軍の中にあって軍縮条約の制約を航空戦力の充実で補う、あるいは航空戦力を海軍の中心にしていこうとする「航空主兵論者」と呼ばれる、山本五十六を中心とするグループが形成されていた（山田・二〇一五、七九～八八頁）。日中戦争前に完成した「中攻」は、地上基地から発進し、航空部隊だけで敵主力艦隊を迎撃できるという点で、日本海軍の「漸減邀撃《ぜんげんようげき》」（米艦隊を段階的に減らし、日本近海で迎え撃つ）という既成戦略の枠を破る兵器であった。だが、「中攻」部隊だけでは、防御力が脆弱で、相手が多数の迎撃戦闘機を繰り出してきた場合には、「中攻」部隊はターゲットに到達することが危ぶまれた。そのため、「中攻」に随伴可能な戦闘機が開発されなければならなかった。その戦闘機開発を飛躍的に進めたのが、日中戦争にともなう軍事費の大規模投入であった。

　軍拡と兵器開発に多額の資金が注ぎ込まれると、兵器性能は向上し、従来の戦略を追い越すような兵器が生まれることがある。その典型事例が、一九四〇年に完成した零式艦上戦闘機（零戦＝ゼロ戦）である。零戦は補助タンクも含めると、単発の戦闘機でありながら三〇〇〇km以上の飛行が可能であった（他国の同規模戦闘機の約二倍）。これは、台湾から発進してフィリピンを空襲し、また台湾に戻れる航続距離（「中攻」の護衛が十分にできる）であり、資源地帯攻略のための南方作戦に有力な空母部隊を派遣しなくても地上基地から発進する航空部隊だけで作戦が可能になった。そのため、日本海軍の既成戦略にはなかった空母全力による真珠湾攻撃という新戦略を実行させることにつながった。軍拡の流れの中で起きた兵器の大きな質的転換が新戦略を台頭させることがあるということである（同前、一〇〇～一〇三頁）。

2 現代日本の防衛戦略と軍備拡張が内包する危険性

安保三文書の特徴と問題点

二〇二二年に決定された安保三文書とは、①「国家安全保障戦略」、②「国家防衛戦略」、③「防衛力整備計画」を指す。従来、②は「防衛計画の大綱」、③は「中期防衛力整備計画」と称されていたが、今回、名称が変更された。名称変更があったとはいえ、①に基づき②があり、②に基づき③があるという文書の位置づけ（序列）に変更はない。

「国家安全保障戦略」の特徴

「国家安全保障戦略」は、外交戦略・防衛戦略・経済戦略・食糧戦略などを総合したものであるが、二〇一三年版に始まり、二〇二二年版も、これらの各種戦略の中で防衛戦略が突出しているのが大きな特徴である。今回の文書では、「国家安全保障の最終的な担保である防衛力の抜本的な強化」という表現が見られる。また、①領域横断作戦能力（従来型の陸・海・空の作戦能力だけでなく宇宙・サイバー・電磁波領域における作戦能力）に加え、スタンド・オフ防衛能力、無人アセット防衛能力等の強化が謳われ、②「反撃能力の保有」、③五年後の二〇二七年度に、防衛力の抜本的強化とそれを補完する取組をあわせた予算水準がGDPの二％に達するよう所要の措置を取ること、④有事の際の防衛大臣による海上保安庁に対する統制を含む自衛隊と海保との連携強化などが提起されている。

「国家防衛戦略」の特徴

一九七六年以来維持されてきた「防衛計画の大綱」という文書名が「国家防衛戦略」に変わったということについて、文書そのものでは説明されていない。だが、日本では「防衛」は「軍事」の言い換えであるので、この文書は、国際的には、国家軍事戦略と称してもよいものであろう。つまり、この名称の転換は、自前の防衛＝軍事戦略を持つという転換を示しているのである。事実、「国家防衛戦略」には、日米同盟を中心とした従来の抑止力という考え方に加え、日本自前の抑止力を持つという構想が盛り込まれている。

その自前の抑止力を担うのが、①スタンド・オフ防衛能力（長射程のミサイルシステム）と②統合防空ミサイル防衛能力（敵側ミサイル迎撃システム）である。そして、もしもその抑止が破られた場合、①と②の能力に加え、「領域を横断して優越を獲得し、非対称的な優勢を確保」するための対処力として、③無人アセット防衛能力、④領域横断作戦能力、

⑤指揮統制・情報関連機能が掲げられている。さらに、抑止力と対処力と合わせて粘り強く作戦を継続し、相手側の侵攻意図を断念させる力、すなわち「継戦力」と言えるものが強調されて、具体的には、⑥機動展開能力・国民保護と⑦持続性・強靭性が挙げられている（抑止力・対処力と並べて使うのならば、文書そのものでは使われていないが、「継戦力」と呼ぶのがふさわしい）。後述するように、この抑止力・対処力・「継戦力」を構成する①から⑦までの能力が、そのまま予算要求の七つの柱（主要項目）にもなっている。

▒「防衛力整備計画」の特徴

「防衛力整備計画」は、従来の五年ではなく、五年後、一〇年後に達成すべき防衛力の水準を提示したものである。これまでは、「大綱」の別表において示されていた自衛隊の部隊編成の構築目標が、今回からは「防衛力整備計画」の別表という形で示されるようになった。一〇年後の二〇三二年度までに達成すべき防衛力を「三〇大綱」段階と比較して目立つのが次の点である。

まず、抑止力を担うものとして、陸上自衛隊ではスタンド・オフ・ミサイル部隊としての地対艦ミサイル連隊を五個から七個へ増設、島嶼防衛用高速滑空弾大隊を二個（維持）、長射程誘導弾部隊を二個新設、海上自衛隊ではイージスシステム搭載護衛艦を八隻から一〇隻へ増強（導入が中止になった地上配備型のイージス・アショアの代替）、航空自衛隊では弾道ミサイル迎撃のための地対空誘導弾部隊は二四個高射隊で現状維持だが、ミサイルの更新が行なわれるものとみられる。

そして対処力を担うものとして、三自衛隊にそれぞれ無人機部隊、情報戦部隊の新設が、陸海空共同の部隊としてサイバー防衛部隊と海上輸送部隊が置かれ（これらは「三〇大綱」段階と同じ）、航空自衛隊には宇宙領域の作戦を担当する部隊の新設などが盛り込まれている。

「防衛力整備計画」では、抑止力と対処力・「継戦力」を全体的に底上げすることが目指され、従来の「中期防衛力整備計画」では示されていなかった「所要経費」が提示され、二〇二三年度から二〇二七年度までの五年間で四三兆円になること、二七年度には年間防衛予算が九兆円に達することが掲げられた。二〇二三年度の防衛予算案提示に先立って五年間の予算総枠があらかじめ決められていたことになる。

二〇二二年版安保三文書の問題点

安保三文書全体を通じて言えることは、防衛費のGDP比2％という前提から出発した、五年間の予算総額四三兆円ありきの「戦略」であるということである。また、「安全保障環境」の変化に対応して、独自の抑止力を保有し、対処力と「継戦力」を抜本的に強化し、既存の国家戦略（専守防衛）を大きく転換させようとするものである。とりわけ、自前の抑止力を構成する各種のスタンド・オフ・ミサイルは、「反撃能力」＝敵基地攻撃能力を担うものである。これは「武力による威嚇」をも禁じた憲法九条第一項に明らかに抵触するレベルの兵器体系の保有であり、それが国会での議論を経ることなく国家安全保障会議と閣議の決定でなされたことは大きな問題である。

安保関連文書がそれらの機関で決定されるというのはこれまでと同じ手続きであるが、憲法の根幹に触れるような、既存の国家戦略の大きな転換に際しては、国民のコンセンサスを得ることが何より大切なはずである。

また、目に見える正面装備中心の大幅な軍事力の拡張は、周辺諸国に一方的に脅威を与えるものである。それに、自前の抑止力を保有するよりも、国家戦略策定の大前提となる自前の情報収集・分析・伝達能力の向上が図られないと、「武力行使の三要件」（武力攻撃の発生、他に手段なし、必要最小限度）を適用するにも自前の判断ができず、結局は米軍依存になる。強力な装備は有するが、判断能力がないという状態では、他国（米国）の判断で自衛隊が武力行使に踏み切らされる恐れを増大させるだけである。

さらに言えば、軍備拡張は、必ず軍拡競争、国際的な軍拡の連鎖を生むことがどれほど考慮されているのか、ということである。日本が目に見える軍事力を強化すれば、中国も対抗措置を取るであろう。そうなった時に、「安全保障環境のさらなる変化」を理由に、装備の量的・質的強化がさらに必要ということになるのではないか。

安保三文書にもとづく軍拡予算――二〇二三・二四年度防衛予算の増大

あくまでも形式的には、ロシアによるウクライナ侵攻と「台湾有事」問題がクローズアップされるような「安全保障環境」の変化に対応するために安保三文書が作成され、それにもとづき二〇二三・二四年度防衛費の大幅増額が決定された。防衛予算（当初予算・米軍再編費含む）は、二〇二二年度＝五兆四〇〇〇億円から二三年度＝六兆八〇〇〇億円・二五・九％増、二四年度＝七兆九〇〇〇億円・一六・五％増となった。

しかし、注目されなかったが、防衛費の増加は、ウクライナ戦争開始前に作成された二〇二二年度予算案から隠れた形で始まっていたのである。二〇二二年度防衛予算は、二一年度補正予算と一つのパッケージ「一六ヶ月予算」として編成されていた。この二〇二一年度補正予算は七七三八億円に及び、二二年度当初予算と合わせると六兆一七四四億円に達していた。二〇二一年一二月に防衛省が発表した『令和四年度予算案概要』は、この「一六ヶ月予算」のことを「防衛力強化加速パッケージ」と表現していた。二〇一三年度から二二年度の防衛予算の増額が、一〇年間で約五〇〇〇億円だったことを考えると、二〇二一年度補正予算の規模は、異常と言えるレベルであった。このように防衛費大幅増の既成事実は、ロシアによるウクライナ侵攻の前からすでに作られていたのである。

また、二〇二三年度防衛予算のこれまでにない特徴の一つが、新規後年度負担の大幅増額である。年度の当初予算とは別に、装備品の調達のために翌年・翌々年に分割して支払いをする後年度負担は、二〇二二年度＝二兆九〇〇〇億円から二三年度＝七兆六〇〇〇億円となり、一六二・一％増となった。これは五年間で四三兆円という防衛費の総枠が決定されたことから、装備品の支払い（後払い）を後顧の憂いなく後年度負担とすることができたためである。同様に、二〇二四年度の新規後年度負担は、七兆七〇〇〇億円と二三年度と同レベルとなっている。

二〇二三・二四年度予算配分の特徴と問題点

防衛予算の五年間の総額と二〇二三・二四年度予算において、どのような分野の装備（契約予定額）がどのくらいの割合を占めているかを確認すると、軍事力構築の特徴と問題点が見えてくる。抑止力・対処力・「継戦力」別の五年間・二〇二三年度・二〇二四年度ごとの予算配分は以下の通りである。

抑止力：スタンド・オフ防衛能力＋統合防空ミサイル防衛能力
五年間：五兆円＋三兆円＝八兆円〔一八・六％〕
二〇二三年度：一・四兆円＋一・〇兆円＝二・四兆円〔二六・七％〕

二〇二四年度：〇・七兆円＋一・二兆円＝一・九兆円〔二四・一％〕
対処力：無人アセット防衛能力＋領域横断作戦能力＋指揮統制・情報関連機能
五年間：一兆円＋八兆円＋一兆円＝一〇兆円〔二三・三％〕
二〇二三年度：〇・二兆円＋一・六兆円＋〇・三兆円＝二・一兆円〔二三・三％〕
二〇二四年度：〇・一兆円＋一・六兆円＋〇・四兆円＝二・二兆円〔二七・六％〕
「継戦力」：機動展開能力・国民保護＋持続性・強靭性
五年間：二兆円＋一五兆円＝一七兆円〔三九・五％〕
二〇二三年度：〇・二兆円＋二・五兆円＝二・七兆円〔三〇・〇％〕
二〇二四年度：〇・六兆円＋二・九兆円＝三・五兆円〔四四・三％〕

まず、抑止力を担うスタンド・オフ防衛能力とミサイル防衛システムには、五年間で合計八兆円（一八・六％）が当てられ、二〇二三年度予算には合計二・四兆円（年度予算の二六・七％）が、二〇二四年度には合計一・九兆円（同じく二四・一％）が当てられている。五年間全体に占める割合（一八・六％）よりも二〇二三・二四年度に占める割合（二六・七％・二四・一％）がかなり高い（前倒しでの執行が見込まれている）ということは、抑止力を担う部分の拡張が極めて急がれているということを示している。

次に、対処力を担う無人アセット、領域横断作戦能力、指揮統制には、五年間で合計一〇兆円（二三・三％）が当てられ、二〇二三年度には合計二・一兆円（二三・三％）、二〇二四年度には合計二・二兆円（二七・六％）が当てられている。五年間全体に占める割合と二〇二三・二四年度に占める割合がほぼ同じであるということは、平均的に装備の調達を積み上げていくということである。

そして、「継戦力」を担う機動展開作戦能力と持続性には、五年間で合計一七兆円（三九・五％）が当てられ、二〇二三年度予算には合計二・七兆円（三〇・〇％）が、二〇二四年度には合計三・五兆円（四四・三％）が当てられている。五年間全体に占める割合が二〇二三年度に占める割合よりも多いということは、大急ぎではないが、それでも五年間の装備調達（契約）額の四割近くをこの「継戦力」充実に使うということは、従来、この分野が自衛隊の最大の弱点だとされていたことを考えると、現実の「有事」に備える本気度（長期にわたって武力行使を続ける意思）を示しているものと思われる。

研究開発費における抑止力偏重

兵器の能力向上や新規開発に直結する防衛技術関係の研究開発費は、五年間に三・五兆円、二〇二三年度には八九六八億円が、二四年度には八二二五億円が計上されており、二〇二二年度の二九一一億円から二三年度には三・一倍、二四年度には二・八倍となった。

たとえば二〇二三年度の場合、次世代兵器の開発をめざす約九〇〇〇億円の研究開発費のうち、抑止力を担うスタンド・オフ防衛能力に約四五〇〇億円、統合防空ミサイル防衛能力に約一五〇〇億円が充当されている。研究開発が、明らかに抑止力の構築に重点を置いていることがわかる。そして、抑止力＝敵基地攻撃能力の中核であるスタンド・オフ防衛能力の中でも島嶼防衛用高速滑空弾（能力向上型）の開発に二〇〇三億円、極超音速誘導弾（HGV）の研究に五八五億円、スタンド・オフ・ミサイルのプラットホームにもなる次期戦闘機の開発にも一〇五四億円が投入されているのが目立っている。

安保三文書にもとづく防衛装備品＝兵器の質的変化

すでに二〇二一年度補正予算から膨張を始めていた防衛予算は、安保三文書の決定を経て、前述したように急拡大を続けている。イギリスの軍事年鑑 Military Balance 2023 によれば、二〇二二年度の日本の軍事費（防衛費）は米ドル換算で四八一億ドル（GDP比一・一二％）、各国軍事費ランキングで、この時点で世界第八位に位置している。アメリカ合衆国、中国に次ぐこの年の世界第三位は米ドル換算八七九億ドルのロシアであるが、安保三文書で述べられているように二〇二七年度に日本の軍事費がGDP比二％になるとすると、二〇二二年度におけるロシアとほぼ同じかそれを上回る規模となる。もちろん、実際に、二〇二七年度の世界の軍事情勢と各国の軍事費の状況は、その時になってみなければ分からないことであるが、本格的軍拡の前の二〇二二年度・GDP比1％台の段階であっても、日本はすでに世界ランキング上位一〇位以内の軍事大国であることは、日本国内ではほとんど報道されない事実である。

すでに近代日本の軍備拡張について検討してきたが、軍事費の量的拡大は、兵器体系の質的転換を促すことが知られている。その典型が、前述した零式艦上戦闘機＝ゼロ戦であるように、兵器体系の質的転換は、それに対応した新しい軍事戦略を生み出し、戦争・武力行使に進みやすい状況を作り出す恐れがある。

現在、政府が、安保三文書にもとづいて自前の抑止力として構築しようとしているスタンド・オフ防衛能力とは、まさに「敵基地攻撃能力」に他ならない。この場合の「スタンド・オフ」とは、「相手（敵）の威力（防空）圏外から」という意味であり、相手（敵）の戦術的防御兵器の射程圏外から攻撃できる能力を指している。戦術的防御兵器の射程距離は、一般的に数十kmから二〇〇km程度と考えられるので、ここでいうスタンド・オフ防衛能力とは、その射程圏外から発射できる長射程のミサイルの類を指すことになる。実際に、二〇二三年度末までに導入（近いうちに実戦配備の予定）が決定されたスタンド・オフ・ミサイルは次のようなものがある。

①F-15戦闘機改修型に搭載するJASSM-ER（射程距離：九〇〇km）当面五〇発購入
②トマホークブロックⅣ（射程距離：一六〇〇km）二〇二五年度から四〇〇発購入
③F-35Aに搭載するJSM（射程距離：三〇〇km）二〇二四年度予算で購入予定

これらはいずれも実用化されている兵器で、アメリカから購入するものであるが、基本的に、国産スタンド・オフ・ミサイルが実戦配備されるまでの中継ぎの性格と考えられる。国産のスタンド・オフ・ミサイルとしては、すでに実戦配備されている一二式地対艦誘導弾（地上発射型：射程距離約二〇〇km）を航空機や艦艇からも発射できるようにし、さらに射程距離を延伸（第一段階として九〇〇km、第二段階として一五〇〇km）した一二式地対艦誘導弾能力向上型の初期タイプが二〇二四年度以降には量産に入ろうとしている。これは、既成の兵器である「一二式地対艦誘導弾」の「能力向上型」と謳っているが、航空機や艦艇から発射できるのであれば、もはや「地対艦」ではなく、「空対艦」「艦対艦」であり、また、射程距離が九〇〇kmあるいは一五〇〇kmであればターゲットは「艦」に限定されるようなものではなくなってしまう。「能力向上型」ではなく、全く別物の兵器ということになる。

そしてさらに、国産スタンド・オフ・ミサイルとしては、「一二式〜能力向上型」の次に、「島嶼防衛用高速滑空弾」の導入（二〇二五年度頃から射程距離数百kmのブロック1の配備）が、さらにその次にブロック2B（射程距離二〇〇〇kmと言われている）の開発が予定されている（二〇三〇年代に配備予定）。そして、「高速滑空弾」に続いて、「極超音速誘導弾」の開発も進められている。「一二式〜能力向上型」はターボジェットあるいはターボファンエンジンを搭載した通常タイプ（亜音速）の巡航ミサイルであるが、「高速滑空弾」

はほとんど弾道ミサイルと同じ形式（ロケットで大気圏外まで上昇した後、弾頭部分が高速滑空して着弾）、「極超音速誘導弾」は、スクラムジェットエンジンを搭載したマッハ五以上の「極超音速」と長射程（三〇〇〇kmレベル）を実現するものとなろう。

本来、どのような兵器を保有するか、とりわけ、どのような「足の長さ」（射程距離）の兵器を保有するかは国家の軍事戦略の根幹にかかわる問題であり、兵器開発の技術の進展によって結果的に決められるべきものではない。しかし、今日のように、かつてない規模での軍事予算が投入される中、純粋に技術的な問題だけからすると、日本の科学技術の水準をもってすれば、極超音速の長射程ミサイルの開発は可能であろう。

日本は宇宙ロケットの国産技術を保有しながらも、弾道ミサイルを保有するという選択をしてこなかった。これは、弾道ミサイルを開発する技術はあるが、政策（戦略）的に技術の軍事転用を抑制してきたのである（アメリカが「核の傘」を提供することによる抑制もあったにせよ）。しかし、現在、中距離弾道ミサイルに匹敵する射程距離を有する兵器を保有が進められているにもかかわらず、弾道ミサイルの保有であるならば当然に展開されたような議論が国会でもなされていないのは大きな問題である。

それから、安保三文書の最上位に位置づけられている二〇二二年版国家安全保障戦略において、所与の前提として防衛費のGDP2%論が展開されたことは問題が大きい。防衛費のGDP2%論は、NATOが加盟国に提示した目標値であるが、二〇二三年時点で、これを達成しているのは、Military Balance 2024でも分かるように、NATO三一カ国（二〇二四年にスウェーデンが加盟して三二カ国）のうち一二カ国だけである。しかも、2％を「達成」している国の多くは、防衛費が多くてそうなっているのではなく、GDPが小規模なために結果的に2％を上回ることになっているのである。

おわりに

日本近代史（戦前）においては、三回の顕著な軍備拡張の時期があった。その事例で見る限り、軍事同盟下の急激な軍備拡張の二回は、戦争に帰結している。それは、同盟相手である軍事大国の戦略に利用されるか、振り回された結果でもあった。また、一九三〇年代半ば以降の事例でも分かるように、大規模な軍事費の投入を伴う継続的な軍備拡張は、兵器の量だけでなく、質的な転換をもたらし、既成戦略を追い越した兵器体系を生み出し、戦争に直結するような極めて危険な新戦略を生み出すことがある。

二〇二二年版安保三文書の成立とウクライナ戦争に触発された「台湾有事」論によって、現在の日本は戦後において最大の軍拡期を迎えている。安保三文書の筆頭である「国家安全保障戦略」に規定された自前の抑止力の保持という戦略は、「国家防衛戦略」で「スタンド・オフ防衛能力」の構築として具体化された。それは、長射程の巡航ミサイル、高速滑空弾や極超音速誘導弾の国産・保有に至るもので、戦後日本が技術を有しながらも回避してきた弾道ミサイル保有と実質的に同レベルの軍事力を持つことである。こうした、防衛予算の増大にともなう軍事力の質的転換は、兵器体系による既成戦略（専守防衛）の追い越しをもたらすものであり、アジアにおける緊張を高め、国際的な軍備拡張の連鎖を引き起こすものであると言わざるを得ない。

戦後日本人の平和観・護憲論を支えてきたのは、戦争の記憶である。だが、戦争被害の記憶もさることながら、戦争加害の記憶はなおさらに希薄になっている。加害者になることへの警戒感が微弱になる中で、米中対立の煽りを受けて、他者に背中を押されて日本が対中・対台湾の最前線に押し出されることだけは避けなければならない。

明治期の日本が日英同盟に背中を押されて極端な軍備拡張の末に日露戦争に突き進んだこと、昭和戦前期の日本が日独伊三国同盟に振り回された挙句、対英米戦争という無謀な選択をしたことを想起すれば、脅威が喧伝され、軍事同盟の相手の力を過信して、取り返しのつかない道を歩んではならないと思う。

【出典注・参考文献】（刊行順）
大蔵省編『昭和財政史』第四巻（東洋経済新報社、一九五五年）
堀越二郎・奥宮正武『零戦』（朝日ソノラマ文庫、一九八二年）

山田朗『軍備拡張の近代史』（吉川弘文館、一九九七年）
山田朗『近代日本軍事力の研究』（校倉書房、二〇一五年）
International Institute for Strategic Studies, The Military Balance 2022,2023,2024(Routledge,2022,2023,2024)
『防衛ハンドブック』（朝雲新聞社、二〇二四年）
防衛予算関係のデータは防衛省・自衛隊ホームページに掲載されたもの。

第6章

ジェンダーの視点から軍拡を考える

フェミニスト平和運動からの提言

秋林こずえ

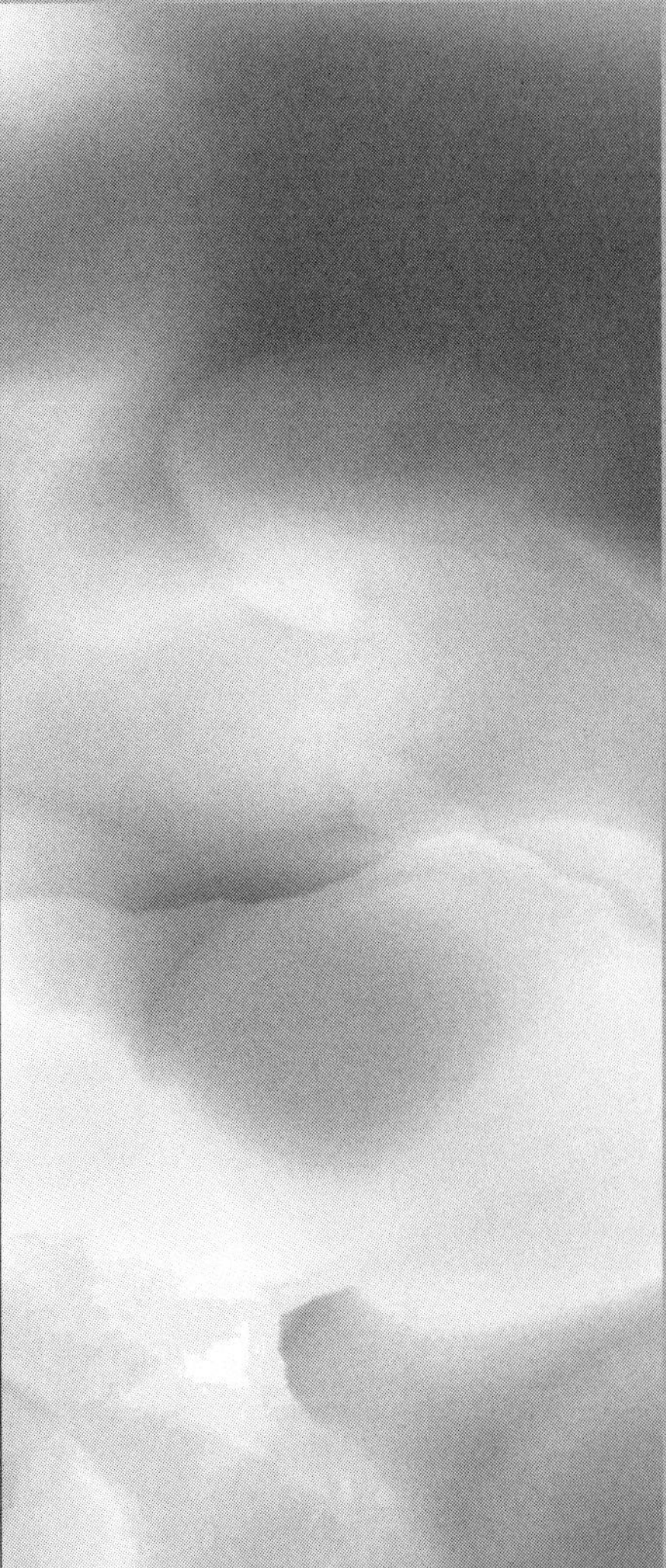

軍拡を批判するジェンダーという視点

日本政府は二〇二二年一二月に日本の安全保障政策を大きく変更させる「安保三文書」を閣議決定した。これによって日本は、これまで持たないとしていた敵基地攻撃能力を有することができるようになり、また武器の本格的な輸出をめざすことになった。安保三文書はこれほどまでに国家の政策の根本を変えるものであるにもかかわらず、その決定には閣議決定という非民主的な手続きが取られた。国民の代表が議論をする場である国会の議を経なかったということだ。

このような安保政策の転換は、つまり軍備拡大であり、軍事力の増強である。日本は他国と本格的な戦争をする能力を持ち、またそれによって戦争を辞さないという姿勢を世界に示したことになる。

これは大きな転換である。軍事力の増強については、防衛白書が日本を取り巻く安全保障環境が厳しさを増したとして正当化を図っている。米軍との一体化が進み、さまざまな合同演習に自衛隊が参加するようになっている。このような軍事力強化に対して平和構想提言会議などが異議を申し立てるなどしてきたが、政策の再転換を迫るほどに世論が強く反応しているとは言いがたい。軍拡・軍事力の増強を強く支持するわけではないにしても、〝軍事力が私たちの安全を守る。だから軍事力増強は仕方がない〟というように、日本社会は軍拡を容認するように変化しつつあるのではないだろうか。

戦争と平和を考える上でジェンダーの視点は重要だ。特に軍事力と抑止力を考える上では必須の概念である。軍拡政治が粛々と進められていく背景には複数の要因があるが、その中で、軍事力や軍備に対する人々の考え方を検討するためにはジェンダーの視点が必要だ。なぜなら、ジェンダーの視点を持つことで、軍拡政治を許してしまう私たちの日常生活の中での「力」に対する考え方がどのようなものか明らかにできるからだ。そこに最も深く関係するのが「女らしさ」や「男らしさ」、それによる社会での役割をめぐるジェンダーである。

戦争は、天災ではなく、人災である。人間が作りだすものだ。だとすれば、防ぐことができる。まずその前提を確認する必要がある。なぜなら戦争はいつも、あたかも天災であるかのように、不可避のものと喧伝されるからだ。そしてその先にあるのが、そのための軍事力の増強の正当化である。「備えあれば憂いなし」は戦争に関する知恵とはいえない。戦争に備えれば備えるほど、戦争の危険は増し、私たちの日々の生活は困窮していく。二〇二二年一二月に公開された平和構想会議の提言「戦争ではなく平和の準備を」は、さまざまなアプローチからこの「備えあれば憂いなし」が軍事力増強につなげられることの欺瞞と危険性について論じたものだ。それは軍事力増強という「備え」の根拠になっている「抑止力」への批判でもある。

「抑止力」は敵に攻撃されないために持つ軍事力のことである。軍事力という抑圧的な力の行使を肯定し、また力によって相手を脅すことでもある。このような方法が本当に私たちの安全を保障するのだろうか。以下では、ジェンダーの視点から軍拡政治の根底にある抑止力や軍事主義について考え、またジェンダーの視点から抑止力や軍事主義を批判してきたフェミニスト平和運動を紹介する。

「ジェンダー」とは何か

ジェンダーはそれぞれの社会で「女らしい」「男らしい」ことのあるべき姿を規定する概念で、それは社会的・文化的に構築される。生物学的な性別と深く関連はするが、主に生殖機能の違いである性別に「違い」以上の社会的な意味づけをする知である。言うまでもなく、個人の特性は性別によってすべてが決まるわけではない。しかし、一般的には性別によって個人の特性や役割が決められることもとても多く、それは社会、経済、政治などの面でも大きな影響を及ぼす。

「女らしさ」「男らしさ」はどのような特徴と考えられているか。この二〇年あまり、大学や大学院の授業で、社会での様子を観察して、「女らしい」、「男らしい」とされる特徴を挙げてみるという課題を行なってきた。毎年あまり大きな変化はなく、代表的な特徴が継続して挙げられている。「女らしさ」は、か弱い、従順、感情的、華奢、家庭、世話をする、などである。一方、「男らしさ」については、力が強い、理性的、勇敢、守る、などがある。

自分に当てはめてみれば、これらの特徴が性別によって絶対的に決定されるものではないことは、そう難しくなくわかる。しかし、性別と結びつけて、女性（男性）はこのような特徴をもつもの、と社会では考えられている。それだけではなく、女性であれば（あるいは男性であれば）このようにふるまわなければならない、という従うべき規範が作られている。

ジェンダーという概念をもって世の中を見てみたときに、二項対立の考え方が社会に深く浸透していることにも気がつく。「女」か「男」か。すべての人はどちらかに属さないといけないという意味での二項対立である。この二項対立は「世の中には女か男しかいない」という言説で正当化される。しかし、自然科学はすでに現実が「女」か「男」の二つには分けられないことを明らかにしている。性別を識別する外性器、内性器、性染色体のどのレベルでも、すべての人が「女」か「男」かのどちらかに分類されるわけではない。どちらの特徴も備えている場合やどちらの特徴も備えていない場合などが多数あり、現実には二つだけでなく、多様である。「二つの性別」は実は自然ではない。

「女」と「男」の二つしか認められないという二項対立は、社会のあり方の問題である。これは「自分たち」と「自分たちとは違う人たち（他者）」という考え方に容易につながる。

そしてそれは、戦争の根本にある「味方」と「(殺してもよい)敵」という考えを導くものでもある。

「女」と「男」の二項対立は平等な関係ではない。そこには優劣がつけられている。「女らしい」特徴は、「男らしい」特徴よりも劣っているとみなされている。たとえば、「女々しい」という言葉は、「女のように」ふるまっているといって男性を侮辱するために使われる。決断力がない、とか、勇敢さが足りない、という様子を指すだろう。それらは「女」のものであり、男があるべき姿ではない。また女のようであるということは劣っているということだ。ひるがえって、「男気」は、あえて困難な状況に身をおき、それを打開していこうという態度を指す。「男気」は賞賛である。この他にも例はいろいろあるが、「女」と「男」には性別だけでは収まらない意味付けがされることがわかる。そして「女々しい」男性は、「男らしい」男性よりも劣るという優劣もつけられる。これは支配の構造のもう一つの要素に性的指向があることを意味する。

「男らしさ」と「女らしさ」の特徴に沿って、女性と男性にはそれぞれ役割が与えられている。「男らしさ」は公の場での指導的な役割に適していると考えられている。そして「女らしさ」は、家庭での役割や家族の世話・ケアなどの役割で、さらに男性を補助したり、男性を支えたりする役割が与えられる。

このように「女らしさ」と「男らしさ」によって支配の構造、家父長制が作られる。家父長制は、男性と女性の支配関係だけでなく、男性同士、女性同士の関係も規定する。

これらの規範と役割は、戦争や軍事力に大きく関わってくる。「男らしさ」に求められる特徴の一つである「力強い」ことは、そのような男らしさを持たない女性や男性あるいは子どもを「守る」という役割を担うこととつながる。また「力強い」ことにともない、他者に対して抑圧的な力、つまり暴力の行使が求められる。さらに言えば、戦争を辞さないという〝困難な〟判断ができることも意味する。そして「守られる」女性たちは、これらの「適切な」特徴を欠くために、重要な政策や意思決定に主体的に参加はできない。暴力と「女らしさ」「男らしさ」には以上のような関係があり、家父長制の問題をジェンダーは明らかにするのである。

ジェンダーで考える軍事主義

フェミニズムの中にも多様な考え方があるが、女性や女らしさが男性や男らしさより劣っているとされ、それによって構築された支配関係である家父長制を変えるという思想と運動、また、ジェンダー平等の実現を目指す思想と運動をフェミニズムとよんでいいだろう。それに取り組む人々がフェミニストである。フェミニストによる平和運動で、軍事主義や抑止力はどのように捉えられてきたのか。

まだ冷戦下の一九八〇年代にフェミニスト平和研究・運動の草分け的存在のベティ・リ

アドンは、戦争の根絶と性差別の根絶は同時に目指されなければならない、と主張した。それはどちらも共通の基盤として暴力があり、家父長制という支配があるからだ。リアドンは、戦争は社会システムで、抑圧的な力で支えられている競争的な社会秩序である「戦争システム」だとした。これは少数の、主に先進国の男性たちによる支配構造である。そして支配と統制の維持のために性暴力も含めた暴力と脅しが使われると指摘した。その意味で軍隊は家父長制が具現化されたものだという。そして軍隊によって秩序が維持される軍事主義が強いほど、必然的に性差別も強いと考えた（リアドン、一九八八年）。

国際政治学者のキャロル・コーンは一九八〇年代に核兵器開発や核戦略の研究センターでの男性の研究者たちについての研究を発表した（現在でも、理科系——Science, Technology, Engineering, Mathematics の頭文字を取ってSTEMとも呼ばれる——の学部や研究者に女性が少ないことの問題が指摘されている）。すでに世間ではフェミニズム運動が多少なりとも広がっていたにもかかわらず、男性たちが核兵器や他の兵器の性能や戦略についての議論で、何のてらいもなく性的な比喩を多用していた様子を描写している。そこでは兵器は性的に強い男らしさの象徴であり、攻撃し壊滅させる相手は女性化されている。コーンはこれを「軍事化された男らしさ」の問題として提起し、平和と正義の実現を求めるフェミニストはどのようにこれを解体できるかと問うた（Cohn 1987）。

平和安全保障政策においてジェンダー平等を求める視点や政策は、国連でも重要性を増してきている。その発端となったのは、二〇〇〇年に国連安全保障理事会と国連女性の地位委員会（CSW）の接点が作られたことだろう。当時、非常任理事国としてのメンバーであったバングラデシュのアンワラル・チャウドリー国連大使は、国連の女性の地位委員会に安保理議長として初めて出席した。女性の地位委員会は国連の中で女性の人権の保障やジェンダー平等の確立を目指す委員会で、毎年三月八日の国際女性デー前後に加盟国政府の代表すべてが参加し、年次総会が開催される。またCSW年次総会会期の約二週間には、女性の人権やジェンダー平等の実現のために活動するNGOが世界各国からニューヨークの国連本部に集まり、CSWでのロビー活動とともに、パネルディスカッションやワークショップなどを行なう。そのようなCSWの本会議に国連で国際平和安全保障の維持を第一義の責務とする安全保障理事会の議長が出席し、「平和と男女平等は深く結びついている」と述べ、紛争の予防や解決、平和安全保障の促進のためには女性が意思決定過程に平等に参加することが不可欠であると指摘した。それは家父長制をなくすことで戦争をなくすという試みである。

沖縄では「基地・軍隊を許さない行動する女たちの会」が駐留軍隊による性暴力という視点から軍事主義、軍事力による安全保障を批判してきた。アジア太平洋戦争で米軍と日本軍の間で地上戦が行なわれた沖縄には、一九四四年から日本軍が駐留した。この間に日本軍は兵士のために一四〇カ所以上の慰安所を設置したことが明らかになっている。「慰安婦」制度は、現在は軍隊による性奴隷制度と国連などの国際社会では認識されている。そして日本の敗戦後、一九七二年まで沖縄は米軍の直接統治下に置かれ、日本への施政権返還後も米軍の駐留は続いている。現在も在日米軍専用施設の約七割が沖縄県にあり、約二万五〇〇〇人の米軍兵士が駐留している。

およそ八〇年に及ぶ駐留の影響の一つは、駐留軍による性暴力である。基地・軍隊を許さない行動する女たちの会がまとめてきた米兵による性暴力の年表では、一九四五年から二〇二一年までに約九五〇人の女性・少女への性暴力被害が記録されている。もちろん、これは明らかになったケースだけで、氷山の一角に過ぎない。

このような駐留軍による性暴力の歴史から、同会は、軍隊は敵を殺せるようにするためにミソジニー（女性と女性性の嫌悪）、性差別を内在し、兵士たちに暴力的な「男らしさ」を身につけさせる組織であると結論づけた。駐留地域での兵士による性暴力はそのような組織の価値観が必然的に表れたものであるという（高里、一九九六年）。そして軍隊による安全保障が保護の対象としている女性や子どもたち（自力では安全を保障できないとみなされている）の安全が軍隊によって脅かされている現実を踏まえて、軍隊による安全保障は誰のための安全保障なのかと、基地・軍隊を許さない行動する女たちの会は訴えてきた。

軍拡の背景にある軍事主義は軍事をすべてに優先させる思想である。軍隊が暴力的な「男らしさ」を最優先にする組織であることは、軍事主義は家父長制に支えられていることを意味する。

国際フェミニスト平和運動

日本だけでなく軍事力の増強が世界各地で図られている。核兵器の保有はその究極の目的といえるだろう。それは「核兵器を持っていれば攻撃されない」という核抑止力への依存を示すものである。しかし、核兵器が実際に使われたら人類は滅亡するであろうことは、冷戦時代からすでに言われている。人類は核兵器と共存はできないのだ。

そのために核廃絶を目指す運動の歴史は国際的にも長い。フェミニスト平和運動家たちもまた、その運動の中でジェンダーの視点から核廃絶の実現に向けた取り組みについて論じてきた。

二〇一七年に国連では核兵器禁止条約が採択された。核保有国や日本のような核保有国の傘の下にいる国が参加していないという問題はあるが、核兵器は違法だという国際社会での合意が形成された意義は小さくない。この核兵器禁止条約の実現は世界各地のNGOによる核兵器廃絶国際キャンペーン（ICAN）によって成し遂げられたものである。そのICANの中心的メンバーであるWILPF（Women's International League for Peace and Freedom、婦人国際平和自由連盟）も女性の人権の確立と戦争の根絶を目指して活動してきた国際NGOである。

ＷＩＬＰＦは、第一次世界大戦が始まった翌年の一九一五年の「国際女性会議」にその起源をもつ、主に女性参政権運動に携わってきたヨーロッパの女性たち一二〇〇人近くがオランダのハーグに集結し、第一次世界大戦を女性たちの国際連帯によって終結させようとした会議である。このような女性による国際平和運動の継続の必要性が認識され、アメリカ合衆国の運動家たちが中心になり、一九一九年に女性平和運動団体としてＷＩＬＰＦを発足させた。当初はスイスのチューリッヒに事務所を置いたが、その後、国際連盟がジュネーブに設立されたことから本部をジュネーブに移した。現在はジュネーブとニューヨークに国際本部を置き、世界中に四五の支部がある。国際連合が発足して間もなく協議資格を獲得しており、以降、国連でのロビー活動の歴史は長い。家父長制の解体や女性の人権の確立、そして平和構築などを目指すフェミニスト平和（feminist peace）の実現を目指して活動している。具体的なプロジェクトには、核廃絶・軍備撤廃、女性の人権、女性・平和・安全保障などがある。

軍備撤廃はＷＩＬＰＦ発足当初からの活動の柱の一つである。第二次世界大戦後は核廃絶が軍備撤廃活動の中でも重要な要素となってきた。一九九九年からは核廃絶・軍備撤廃プロジェクトが立ち上げられた。このプロジェクトにインターンとして参加したレイ・アチソンはその後、ＷＩＬＰＦの専従スタッフとなり、現在は核廃絶・軍備撤廃プロジェクトであるリーチング・クリティカル・ウィルのディレクターを務めている。

アチソンは二〇〇七年からのＩＣＡＮの活動を振り返り、核廃絶のためには家父長制の解体が不可欠だと主張する。その主張は、国連でフェミニストとして核廃絶や軍備撤廃のためのロビー活動での経験を分析したものである（Acheson 2021）。

アチソンは国連や他の国際会議で常に核抑止論と対峙してきた。そして核抑止論について、使えない兵器である核兵器の開発や維持に巨大な資源をつぎ込むことを正当化するための理屈にすぎない、と喝破する。また国際政治の現場で、核兵器の保有は超大国である証になっていると皮肉る。そのように核兵器に固執する核保有国やその同盟国などにおける核廃絶や軍備撤廃の最も大きな障害は、兵器と支配的な力との結びつきだという。それは、進んで戦闘に参加したり人を殺したりできることが「真の男」に絶対に必要とされるような暴力的な「男らしさ」のことを意味する。その一方で、核廃絶や軍備撤廃を訴える政府やＮＧＯは感情的で、理性的な判断ができない、つまり「女らしさ」と関連づけられ、一人前とは見られないという。

アチソンはジェンダーの視点は核兵器や核実験の被害を理解する上でも重要だと述べる。ヒバクシャの女性たちの多くは放射能の影響でリプロダクティブ・ヘルスの深刻な問題を抱えることが記録されている。女性たちが地域や家庭で担っている家事や労働によってより放射能の被害を受けやすいという背景もある。

そのようなジェンダーの視点から発展して、アチソンは核植民地主義とレイシズムにも言及している。特に核実験が行なわれてきた場所は、たとえば太平洋諸島や先住民族の土地などである。太平洋諸島では度重なる核実験の結果、放射能による病気はもとより、放射能汚染によって移住を余儀なくされたり、土着の食料を失ったり、さまざまな面で住民が苦しめられてきた。

このような核による暴力をなくし、核廃絶を実現することに向けて、アチソンは、フェミニズム、クィア、先住民族などの視点で、既存の政治システムとは異なるオルタナティブなシステムが必要だと論じる。女性や先住民族などのマイノリティを既存のシステムに組み込むのでは従来の安全保障に関する考え方は変えられないし、核廃絶は実現できないと主張する。これまでとは違った視点とシステム、そして幅広い連帯を呼びかけている。

フェミニストが構想する平和安全保障

二〇二二年一二月に発表した「戦争ではなく平和の準備を」では、市民社会が軍事力ではない平和安全保障を構想することを呼びかけている。アチソンの呼びかけのように、幅広い連帯や新たな視点も必要だろう。

最後に、基地・軍隊を許さない行動する女たちの会やベティ・リアドンも関わって、一九八〇年代からフェミニスト平和運動の中で議論されてきた、フェミニストが構想する真の安全保障を紹介したい。これは「軍事主義を許さない国際女性ネットワーク」が二〇二一年に発表したものである。コロナ禍でグローバルに人の動きが制限されていたときにも、米軍は部隊のグローバルなローテーションや艦隊の寄港を止めなかった。沖縄、フィリピン、グアムなどの米軍駐留地域からは、島嶼地域という特性からも強い懸念が示されたとともに、軍隊による安全保障が批判された。そこで、オルタナティブを明示するために、以下の「フェミニストが構想する真の安全保障と生命を尊ぶ文化」をまとめた（秋林・宜野座、二〇二一年）。簡単に紹介したい。

コロナ・パンデミックは軍隊が安全を保障しないことを明らかにした。またコロナ禍でさえも軍事が優先される軍事主義は家父長制に支えられ、暴力的な男らしさをさらに強化する。

真の安全保障を確立するために、（1）持続可能な環境、（2）基本的ニーズの充足、（3）尊厳の尊重、（4）民族の自決権の尊重、（5）人災を起こさない、の五点を挙げる。

（1）生命を持続させるための環境――これは真の安全保障の鍵である。軍事主義や戦争の準備で奪われた土地や汚染された土地、その他の環境を取り戻す。また土地を奪われた人々がそれを取り戻すことでもある。持続的な農業を支え、土地・水源・湿地などを回復する。

（2）基本的ニーズの充足――生きていくために、まともな生活を営むためには誰もが清潔な水、基本的な住居、食料、医療、教育を必要とする。これらの充足は安全保障の基礎であり、国の安全保障政策の最優先事項とすべきだ。巨額の軍事費を含む多くの資源が軍事に割かれてきたが、それによって基本的ニーズの予算が不足してきた。この優先順位を変えるべきだ。また女性が無償や低賃金で担ってきたケアのシステムも見直すべきだ。

(3) 尊厳の尊重――ナショナリストの政府は憎悪や差別を利用する。差別は、人種や民族アイデンティティー、移民、ジェンダー、性的指向などを対象とする。人間の尊厳の尊重とはそれぞれの歴史を学ぶこと。女性の尊重、トランス、クィアの人々も自分の体のことを自分で決める、誰も性暴力を受けないことである。

(4) 民族の自己決定権の尊重――軍事主義は他民族を植民地支配し資源を搾取してきた。軍事的支配で同化政策も行なわれた。先住民族の土地は収奪されてきた。国連先住民族の権利宣言が先住民族の土地での軍事活動を禁じているように、世界の先住民族は土地や資源に関して自らが決定する権利がある。

(5) 人災を防ぐ――国家安全保障は、長年、戦争の準備をすることと考えられてきた。そのために大きな権力が与えられ、暴力的な男らしさが必要とされてきた。しかし戦争は外交で回避できる。安全保障は何から人々を保護するのか、根本的な問いかけが必要だ。気候危機は政治によって回避できる。自然災害を防ぐ、あるいはそれに対応するために資源を再分配して被害を抑えられる。軍事依存から脱却し、軍事力への過剰な投資という現状を変えれば、現在、軍事安全保障政策がもたらしている被害はなくてもすむ。

以上の原則にもとづき、脱軍事化と平和を求め、グローバルな軍事力強化に終止符を打つことを求める。

軍事力によらない安全保障を実現するために、これまで以上に多様な運動とのつながりが作られることを願う。

【参考文献】

秋林こずえ・宜野座綾乃「コロナ禍から軍事主義を問う　軍事主義を許さない国際女性ネットワーク」『女性・戦争・人権』一九号、二〇二一年
高里鈴代『沖縄の女たち　女性の人権と基地・軍隊』一九九六年、明石書店
リアドン、ベティ『性差別主義と戦争システム』一九八八年、勁草書房
Acheson, Ray. *Banning the Bomb, Smashing the Patriarchy*. Rowman & Littlefield, 2021
Cohn, Carol. "Sex and Death in the Rational World of Defense Intellectuals". *Signs*. Vol.112 No. 4. 1987

第7章

「死の商人国家」への堕落を どう食い止めるか

杉原浩司

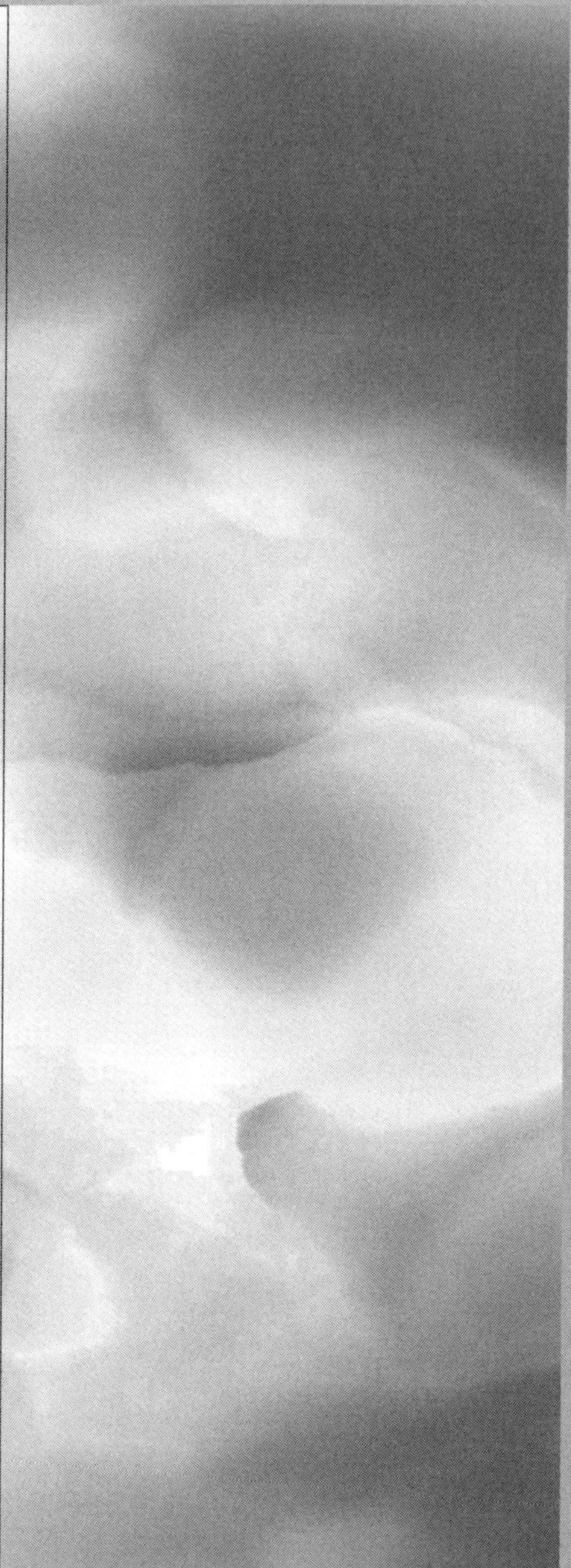

もっとも九条らしい政策の崩壊

「平和国家」の屋台骨がもろくも砕け落ちた。

二〇二四年三月二六日、岸田政権はイギリス・イタリアとともに共同開発する次期戦闘機の第三国輸出の解禁を、閣議と国家安全保障会議で決定した。非核三原則と並ぶ日本の「国是」とされた武器輸出三原則の最終的な崩壊である。

青井未帆は、「抑制的な武器輸出は、私の理解では、憲法九条のもとでの政策で一番九条らしい政策」（『世界』二〇二四年六月号での石井暁との対談）と述べている。ここで肝心なことは、憲法九条イコール武器輸出禁止ではないことだ。戦後、日本は東南アジアなどに武器を輸出していたが、一九六七年、佐藤栄作首相が、①共産圏諸国 ②国連安保理決議で武器等の輸出が禁止されている国 ③紛争当事国またはそのおそれのある国、の三つの対象地域への武器輸出禁止を国会で明言。一九七六年には三木武夫首相が、三原則の対象地域以外への輸出も「慎む」との統一見解を表明し、全面禁輸が確立した。ベトナム反戦運動の盛り上がりに見られる当時の平和を求める主権者の強い世論を受け、野党が国会論戦を通じて自民党政権に作らせたところに、武器輸出三原則の積極的な意義がある。つまり、「主権在民×平和主義」による最良の成果と言えるものだ。一九八一年には衆参両院が、三原則の厳格な運用を求める全会一致の国会決議を採択し、文字通りの「国是」

にまで高められた。

しかし、一九八三年の中曽根政権による対米武器技術供与を皮切りに、二〇〇五年の小泉政権による弾道ミサイル防衛の日米共同開発など武器輸出三原則の例外化措置が積み重ねられ、空洞化が進行した。

見逃せないのは、二〇〇九年の政権交代後の民主党政権のもとで大きな穴が開けられたことだ。二〇一一年一二月、野田政権は密室での副大臣会合を経て、「武器の国際共同開発」などの包括的例外化に踏み切った。「原則と例外を逆転させた」（青井未帆、前掲書）と言われるほどの暴挙だった。それを踏まえて、二〇一四年四月、安倍政権が武器輸出三原則を撤廃し、「防衛装備移転三原則」を閣議決定する。言葉を言い換えて中身を逆転させ、武器輸出を国策とする大転換だった。本来なら、最低でも全会一致の国会決議を踏まえて決定されるべきだった。

存在しない「紛争当事国」

防衛装備移転三原則は、当初からまやかしに満ちた代物だった。「紛争当事国には輸出しない」という制約らしきものを政府は言明するが、実際には、「紛争当事国」を「武力攻撃が発生し、国際の平和及び安全を維持し又は回復するため、国連安全保障理事会がとっている措置の対象国」と極めて狭く定義しているため、現実からの乖離が甚だしく、有名無実である。二〇二四年二月二一日、本村伸子衆議院議員（共産）の「紛争当事国とはどこか」との質問に対して、林芳正官房長官は「現時点で基本的に存在しない」と言い放った。荒唐無稽と言わざるを得ない。さらに、「平和国家の理念」も、「国際紛争を助長しない」から「国連憲章を遵守する」にすり替えられた。国連に加盟している以上、国連憲章を守るのは当たり前のことだ。

こうした多くの欠陥にもかかわらず、それでも「殺傷武器」の輸出は回避されてきた。運用指針において、武器輸出の用途を、抑制的な五類型（救難、輸送、警戒、監視、掃海）に限定したからだ。ただし、「共同開発」という形であれば、殺傷武器の輸出も排除されなかった。失敗に終わったものの、二〇一六年にオーストラリアへの潜水艦輸出が企てられたのはそのためだ。

結局、安倍政権による三原則の撤廃以来の一〇年間、完成品の武器輸出は、三菱電機製の警戒管制レーダーをフィリピンに輸出した一件のみに留まった。ただし、共同開発については、三菱電機が参加した戦闘機用ミサイルの日英共同研究が二〇二三年をもって終了している。

密室協議による「国是」の破壊

こうして、武器輸出そのものは解禁したものの、実際の輸出においては惨憺たる実績となっている。そのことを踏まえるなら、本来、防衛装備庁の解体的出直しが迫られるべき局面である。しかし、岸田政権は二〇二二年一二月の「安保三文書」で武器輸出を積極的に位置づけ、なりふり構わぬ策に打って出た。その第一が、野党第一党である立憲民主党までもが賛成して二〇二三年六月に成立した軍需産業強化法（防衛生産基盤強化法）である。武器輸出や武器工場の設備増強に税金を投入し、撤退した軍需企業の工場や設備の国有化さえ辞さないものだ。また、外務省が「同志国」軍に武器を無償供与する前代未聞の「政府安全保障能力強化支援」（OSA）さえ創設された。文字通りの外交の軍事化である。

さらに、今までかろうじて制約されていた殺傷武器の輸出に向けて、一気に舵を切る。そのための仕掛けが、自民七人、公明五人のわずか一二人の与党議員による密室協議（座長は自民党の小野寺五典衆議院議員、座長代理は公明党の佐藤茂樹衆議院議員）だった。二〇二三年四月末からの二三回に及ぶ密室協議を経て、一二月一五日に提言を提出。国会も主権者も無視して、議事概要すら出さない一二人の密室協議によって〝くにのかたち〟を大転換させるのは、独裁国家の手法だろう。

この提言を受ける形で、二〇二三年一二月二二日、岸田政権はついに殺傷武器の輸出を解禁した。その内容は紛争や虐殺に加担し、助長することにつながるものばかりだ。

①ライセンス品（他国企業の許可を得て生産）のライセンス元への輸出は、米独などへの輸出により、玉突き的にイスラエルやウクライナへの輸出を促進することになる。

② 部品輸出の解禁は、たとえばF15戦闘機のエンジン（IHI製）輸出により、戦闘機による戦争犯罪に加担することにつながる。

③ 五類型の武器輸出の際の殺傷武器搭載の解禁は、策定当時の防衛官僚（髙見澤將林）の密室での「証言」だけを根拠にしており、政策決定としてあり得ない。

④ 「国際法違反の侵略などを受けている国」への非殺傷武器の輸出解禁は、定義が曖昧で、そもそもイスラエルの残虐な爆撃すら「国際人道法違反」と言わない日本政府による認定は恣意的にならざるを得ない。

さらに、ライセンス元国への初輸出として、米国へのパトリオットミサイル（PAC2、PAC3）輸出が何の議論もなくあっさりと決定された。

次期戦闘機第三国輸出の問題点

与党協議では、公明党が二〇二三年一一月末頃から強い慎重姿勢を示したため、殺傷武器輸出解禁の目玉とされた次期戦闘機の第三国輸出についての判断は年を越した。しかし、予想されていたとおり、公明党は二〇二四年二月末頃から急速に妥協へと舵を切った。

F35戦闘機などの「第五世代」に続く「第六世代」と位置づけられる次期戦闘機は、最先端技術の結晶であり、まさしく殺傷能力を誇る武器だ。その第三国輸出は、メイド・イン・ジャパンの武器による他国の人々の殺傷に一直線に通じている。過去の実例がそれを裏付けている。

共同開発のパートナー国であるイギリス自身が、イタリアやドイツなどと共同開発した戦闘機「ユーロファイター」などにより、二〇一四年から一七年にかけて、イラクで一三〇〇回以上、シリアで二六〇回以上の攻撃を行なっている。パートナー国が次期戦闘機による攻撃を行なわないという保証はない。

そして、第三国輸出も重大な問題を引き起こした。イギリスは、ユーロファイターをサウジアラビアに輸出した。サウジアラビアを中心とする連合軍による二〇一五年三月からのイエメン内戦への軍事介入において、同機七二機が無差別空爆に使用され、多数の民間人を殺傷した。最初の約三カ月で二七二四回の空爆が行なわれ、二〇一八年八月には子どもたちの乗っているバスを空爆、子ども四〇人が虐殺された。二〇一九年九月、国連人権理事会の専門家グループは、米英仏などによる「合法性の疑わしい」継続的な武器輸出が「紛争と人々の苦難を長引かせている」と非難した。イギリスでは輸出差し止め訴訟も起こり、一時的に輸出が停止した。

二〇二一年のヒューマン・ライツ・ウォッチの報告書「TARGETING SAADA」によれば、二〇一五年以降、約二万三〇〇〇回の空爆により約一万八〇〇〇人の民間人が死傷している。空爆や国境封鎖によって、飢餓やコレラにより命を奪われる人々が増大し、イエメンは、国連が「世界最悪の人道危機」と繰り返し警告するほどの惨状を呈している。

サウジアラビアは今回の共同開発への参加を申し出ているが、日本が難色を示し、現時点では実現していない。サウジアラビアは自国の軍需産業の振興と有利な条件での輸入を狙っており、いずれ日英伊が共同開発する次期戦闘機を導入することは明らかだ。そうなれば、イエメンへの無差別空爆のような戦争犯罪が再現される恐れが十分にある。

では、日本が行なうと想定されている東南アジアへの戦闘機輸出に問題はないのか。

かつて韓国がフィリピンに輸出したFA50戦闘機が、二〇一七年にミンダナオ島マラウィ市でのフィリピン国軍と武装勢力との市街戦に投入され、人々を殺傷している。フィリピンは、外務省による武器無償供与（OSA）の主要な対象国でもあり、武器輸出と相まって、国内紛争への加担に直結することになる。

岸田首相の「死の商人国家」宣言

この間見えてきたのは、第三国輸出への政権中枢の異常とも言える執着ぶりだった。国家安全保障局（NSS）が作成した自民党への説得文書「直接移転ができない場合の影響」には、「望ましい安全保障環境の創出に大きな支障」「英伊から軽んじられ、実質的に英伊中心に移転先が選定されていく恐れ」「要求性能の実現にも支障をきたす恐れ」などの文言が連ねられている。根拠が薄弱なまま恫喝を繰り返すばかりの文書には、焦りと驕りが表れていた。

一方で、シャップス英国防相は、議会で「『GCAP（グローバル戦闘航空プログラム）を成功させるためには三原則を変えることが必要になるだろう』と日本ではっきり発言した」旨を答弁した。また、ロングボトム駐日イギリス大使は、二月一九日の毎日新聞への寄稿で、「防衛装備品の輸出など重要な安全保障改革に対して慎重になり過ぎるのは危険な賭けである。改革を進めなければ、日本は片手を縛られたまま、より危険な世界に備えるようなものだ」と言ってのけた。まさしく、「死の商人国家」の薦めである。

岸田首相はこうした〝外圧〟に呼応するように、国会答弁で「輸出等による価格低減努力」を行なわなければ、「交渉上不利な立場に置かれ、自らの要求性能の実現が困難になる」と認識するに至ったと述べ、「戦闘機の第三国輸出は国益」と断言した。これこそ、「日本の武器で他国の人間が殺されようが知ったことではない、企業の儲けこそが最優先される」との「死の商人国家」宣言にほかならない。

歯止めなき「歯止め」

ここで、岸田首相が示し、公明党が受け入れた「歯止め」なるものがいかに無意味かをおさらいしておきたい。最初に「三つの限定」なるものについて見てみよう。

まず、①「次期戦闘機に限定」というが、密室協議の座長でもある小野寺五典元防衛相は、「新しい案件を追加していけばいいだけで何の制約もない」（三月二七日、朝日）と言い切っている。公明党はここまで舐められて恥ずかしくないのか。確かに、殺傷能力の塊と言うべき戦闘機が輸出可能なら、他の武器が輸出できない理由はない。

また、②「輸出相手国は日本と『防衛装備品（武器）・技術移転協定』を締結している国に限る」としているが、現行の武器輸出でも同様の制約があり、新たな歯止めでも何でもない。また、今後、締結国を政府の判断のみでいくらでも拡大できる。ちなみに、現時点での締結国一五カ国は、米国、イギリス、フランス、ドイツ、イタリア、スウェーデン、豪州、インド、シンガポール、フィリピン、インドネシア、マレーシア、ベトナム、タイ、アラブ首長国連邦（UAE）だが、米英は国際法違反のイラク戦争を行なった国であり、フィリピンは先述したように国内紛争を抱えている。UAEも、サウジアラビアとともにイエメンを無差別空爆した戦争犯罪国家である。現行の締結国への輸出自体が論外であるにもかかわらず、二〇二四年四月三日付の読売新聞は、「戦闘機を他国への攻撃や威かくでなく、抑止力に使う輸出先を想定」などとデタラメを書いている。

さらに、③「現に戦闘が行われていると判断される国は除外する」というが、停戦になればOKなら、イスラエルにさえ輸出できる。輸出した後に戦闘や虐殺が起きない保証もない。木原稔防衛相は、「戦闘になれば部品の供給を差し止める」と答弁しているが、部品が不足しない限り戦闘は継続でき、イギリスやイタリアから部品提供を受けることも考えられるので歯止めにはならない。

加えて、次期戦闘機の輸出を可能とする承認と実際に輸出する場合の個別案件ごとの承認のそれぞれにおいて行なう「二重の閣議決定」をさらなる歯止めと称しているが、「国権の最高機関」たる国会と主権者を完全に無視した行政の独裁に過ぎない。

こうした茶番を正当化する詭弁の最たるものが、小野寺元防衛相による「日本が輸出できれば対等になり、英伊による問題ある武器輸出を止められる」(二〇二四年三月二八日、BSフジ「プライムニュース」)との発言だ。そもそも日本は、イラク戦争をはじめとする米国の度重なる武力行使に一度たりとも反対したことはない。また、サウジアラビア等によるイエメンへの無差別空爆にも反対していない。それどころか、サウジとともにイエメンを無差別空爆したUAEに、川崎重工製の軍用輸送機C2の輸出さえ企ててきた(事実上失敗したと見られる)。日本が輸出できないとものが言えないというのは意味不明であり、むしろ逆だろう。武器を輸出しない日本だからこそ、堂々と英伊による問題ある武器輸出に反対すればいいのだ。

戦闘機より先に浮上する武器輸出

小野寺元防衛相は、「戦闘機というハードルの高い装備が最初に認められた」(二〇二四年三月二七日、産経新聞)と高揚感を露わにしている。要するに、もはやハードルは存在せず、何でもありということだ。次期戦闘機の完成は二〇三五年以降であり、それまでに別の殺傷武器の輸出が表面化することは間違いない。

すでに有力候補が保守系シンクタンクのメンバーから言及されている。「地対艦ミサイル（一二《ひとに》式地対艦誘導弾能力向上型）は防御的なので輸出していくべき。平和国家としての姿勢と両立し得る」（小木洋人、二〇二四年六月一四日、BSフジ『プライムニュース』）、「一二式は格好の装備ですが、陸自に輸出の意識は全くない。もったいないなあと思います」（伊藤弘太郎、読売新聞一月一四日付）。両者は、三菱重工の小牧北工場で開発・量産に入っている「一二式地対艦誘導弾能力向上型」（一〇〇〇km以上飛ぶ敵基地攻撃ミサイル）を輸出候補として推奨してみせる。密室協議にも呼ばれたキヤノングローバル戦略研究所の伊藤は、陸上自衛隊が二〇二三年八月、豪州での共同訓練で一二式を試射したことをあげて、韓国を見習い、「演習も輸出促進の一環になる」と強調している。敵基地攻撃兵器の開発と殺傷武器の輸出解禁が重なることで、日本が加害者となる危険性がより明確になりつつあるのだ。

侵入の玄関口となった武器見本市

日本は国内外の「死の商人」にとって極めて魅力的な市場となってしまった。五年で四三兆円（武器ローン込みで六〇兆円超え）の軍事費膨張が要因であることは言うまでもない。とりわけ世界の軍需企業が侵入する玄関口となったのが、二〇一四年四月の武器輸出三原則撤廃以降に、防衛省や外務省、経産省などが後援して公然と開催されるようになった武器見本市だ。二〇一五年五月、パシフィコ横浜でのMast Asiaに始まり、とりわけ千葉県が所有する公的施設である幕張メッセで繰り返し開催されてきた。

二〇二三年三月、幕張メッセでの「DSEI Japan 2023」は、「安保三文書」公表直後のタイミングもあって、軍需企業の出展が拡大した。中でも、イスラエル軍需企業の出展は前回二〇一九年一一月の三社から、一六社へと急拡大した。前回、イスラエルの軍需大手ラファエルの担当者が発した「(性能は)戦場で証明済み」との売り文句は、パレスチナ人を実験台にして、その命と引き替えに開発した武器の残虐性を示している。

二〇一九年のDSEIの後、二〇二〇年度、二〇二一年度に自衛隊は、音響測定装置などのイスラエル製武器を導入した。また、F35戦闘機に搭載するノルウェー製長距離ミサイルJSMなども、武器見本市を通して導入が図られたケースと言える。

日本市場に群がる「死の商人」

この間、ロッキード・マーチン、BAEシステムズなどの欧米軍需大手がアジアの拠点を日本にシフトしている。日本は、世界に拡がる虐殺や紛争に寄生して利益を得る「死の商人」たちの格好のターゲットになり、「紛争地」と地続きになりつつある。

そして、国内軍需大手もまた、軒並み人員と設備を拡大・増強させている。国内最大手の三菱重工は、一二式地対艦誘導弾能力向上型、高速滑空弾、極超音速誘導弾など四種類もの敵基地攻撃ミサイルをはじめとする「ミサイル特需」により、二〇二三年度の契約額が一兆円の大台に到達した。さらに、同社の宮永俊一会長が、二月に初会合が開かれた「防衛力の抜本的強化に関する有識者会議」のメンバーとなっている。利益を得る当事者が入って大軍拡を誘導することは明らかに利益相反であり、許されない。

また、三菱電機も、軍需部門の一〇〇〇人規模の増員や、八つの生産棟の増設など約七〇〇億円規模の設備投資計画を発表。二〇二三年四月には、オーストラリア国防省と武器の共同開発で直接契約を結んだ。両者の持つレーザー技術を活用して、豪軍の武器の警戒能力を高める製品・技術の開発を目指すという。軍需企業による他国政府との直接契約は初めてだという。NAJATは、日本消費者連盟、主婦連合会とともに、三菱重工・三菱電機に対する不買運動とはがきアクションを開始している。

さらに、IHIは二〇二四年四月にステルス戦闘機F35に搭載するエンジンの部品を米軍需企業に初出荷した。また、次期戦闘機共同開発のため、イギリス・イタリアに開発拠点を設置しようとしている。三菱重工は共同開発のプライムメーカーであり、三菱電機やIHIなども参画している。次期戦闘機共同開発は日本版「軍産学複合体」形成を一気に加速させかねない危険性をはらんでいる。

危険な「日米合意」とAUKUSへの軍事協力

いま起きているのは、米国に従属した「下請け工場」のような形での日本版「軍産学複合体」の形成だろう。その動きの最新版が、四月一〇日の日米首脳会談で公表された「日米首脳共同声明」の恐るべき内容だ。それは、「日米同盟が始まって以来、最も重要なアップグレード（更新）だ」とバイデン大統領に言わしめるものだった。

その大きな目玉は、「指揮統制連携の強化」だ。自衛隊は二〇二四年度末に統合作戦司令部を市ヶ谷に創設する。そのための改悪防衛省設置法は二〇二四年五月一〇日に成立した。なお、ここでも立憲民主党は賛成している。統合作戦司令部設置の動きに呼応して、米軍は横田の在日米軍司令部の権限強化（日米共同訓練の企画立案機能や実働部隊の限定的指揮権付与など）、司令官の中将から大将への格上げ、統合任務部隊の設置、敵基地攻撃を含む共同作戦能力強化などを検討している。

さらに、「日米防衛産業協力・取得・維持整備定期協議」（DICAS）を創設し、ミサイルの共同開発・生産の促進を図ろうとしている。さらに、米軍の艦船や航空機の日本企業による維持整備に道を開き、米国の武器生産体制のひっ迫を補完することも目論んでいる。

武器の共同開発・生産の加速の背景には、一月一一日に米国防総省が公表した「国家防衛産業戦略」の存在がある。同盟国の軍需産業を米戦略に統合することを狙うものだ。

加えて見逃せないのは、日本が米英豪による対中抑止の攻撃的軍事同盟である「AUKUS」と「第二の柱」である先端技術分野（AI、量子、電子戦能力、サイバー、極超音速兵器など）での協力に向けて協議を開始することだ。たとえば、「敵」に妨害されずに部隊を運用するためには、データの盗聴が困難な量子暗号通信が不可欠とされており、日本は量子コンピュータで使う電源やケーブル、制御機器の製造・開発に強みを持っているとされる（二〇二四年四月一〇日、日経）。

こうした先端技術を組み込んでの武器共同開発は、機密保持体制の強化と一体であり、これまた立憲民主党まで賛成して五月一〇日に成立した「経済秘密保護法」（経済安保情報保護法）と連動していることは間違いない。

イスラエルの「死の商人」との結託

殺傷武器の輸出解禁とともに、「死の商人国家」への堕落を象徴的に示したのが、イスラエルとの露骨な武器取引の発覚だ。二〇二三年三月、幕張メッセでの武器見本市「DSEI Japan 2023」で、イスラエル最大の軍需企業エルビット・システムズと伊藤忠アビエーション（伊藤忠商事の一〇〇％子会社）、日本エヤークラフトサプライが、シャンパンで乾杯しながら「戦略的協力覚書」を締結した。これに対してNAJATなどが、ハガキを組み込んだアクションシートの配布や企業への申し入れなどを展開した。

二〇二三年一〇月七日以降のガザ大虐殺への抗議に立ち上がった「〈パレスチナ〉を生きる人々を想う学生若者有志の会」などの若者たちや在日パレスチナ人らがこの動きに合流したことで、取り組みは一気に加速した。伊藤忠本社前抗議、就活イベントなどでのアピール、ネット署名（二万四〇〇〇筆超）などが集中的に取り組まれた。「BDS Japan Bulletin」の呼びかけで始まった系列企業（ファミリーマート、エドウィン、アンダーアーマー、プリマハムなど）製品のボイコット運動は、国内に留まらずマレーシアなどにも広がった。これらを受けて、伊藤忠商事は二〇二四年二月五日、イスラエルにジェノサイド（意図的な集団殺害）を防止するあらゆる措置を取るよう命じた国際司法裁判所（ICJ）による暫定措置命令と、「誠実に履行されるべき」との上川外相談話を理由に、協力覚書の二月末での終了を発表した。二月九日には、日本エヤークラフトサプライも続いた。

これは市民による大きな勝利であり、ICJの命令後、初のBDS（ボイコット、投資引き揚げ、制裁）運動の成功例として国際的にも反響を呼んだ。

血まみれ殺人ドローンの輸入へ

ほっとしたのも束の間、二〇二四年二月二〇日、「大軍拡と基地強化にNO！アクション」による防衛省交渉とその後の追加質問を通して、防衛省が導入を進める攻撃型ドローンの候補機七機中の五機までがイスラエル製であることが判明した。しかも、防衛省がそれを選定した一月下旬は、ガザですでに二万五〇〇〇人以上が虐殺されていた時期である。加えて、日本企業がそれぞれ輸入代理店となって利益を得ようとしていることも判明した。日本は官民一体で壊れているとしか言いようがない。三月一二日には、山添拓参議院議員（共産）が参議院外交防衛委員会でこの問題を鋭く追及した。

【攻撃型ドローンのイスラエル製候補機と輸入代理店の一覧】
〈小型機〉
・SkyStrker（エルビット・システムズ）：日本エヤークラフトサプライ（落札価格 一四三〇万円）
・ROTEM L（IAI）：海外物産（落札価格 一円）
・Point Blank（IAI）：海外物産（落札価格 一円）
・HERO-120（Uvision）：住商エアロシステム（落札価格 六〇六三万七五〇〇円）
〈多用途機〉
・Heron MKⅡ（IAI）：川崎重工（落札価格 三一億五〇六二万円）

二〇二三年度から二四年度にかけて、製造国イスラエルで実証試験が行なわれ、出された報告書をもとに、二〇二五年度以降に絞り込みと本格導入に進むとされている。あり得ない動きというほかない。これに対して、二〇二四年三月一一日、アーティストら市民有志が、川崎重工がオフィシャルパートナーを務める国立西洋美術館でのメディア向け内覧会で抗議行動を展開し、川崎重工に輸入中止を、西洋美術館には川崎重工への働きかけを求めた。三月一五日には、輸入代理店四社に対して、若者たちを中心とする「殺しで儲ける会社ツアーデモ」が行なわれ、四月一六日と五月三一日には防衛省前で抗議行動が行なわれた。大阪発と東京発のネット署名も継続されている。

六月二一日にNAJATが主催した防衛省交渉では、三月にスペイン製とオーストラリア製の二機種が小型攻撃ドローンの候補機に追加されたことが判明した。また、川崎重工の橋本康彦社長は、六月二六日の株主総会において、「イスラエルの無人機（の輸入）は南海トラフ巨大地震が発生した場合の仕組みに活かすためで、戦争に使用する目的ではない」（神戸新聞、六月二七日付）と述べたという。防衛省の説明では大きくくい違っている。導入を狙う側の揺らぎは明らかであり、市民の声が政府と企業を確実に追いつめている。

民間企業による虐殺加担としては、大手産業ロボット製造企業ファナック（FANUC）がイスラエルや米英の軍需企業に産業ロボットを販売し、その工場で製造された155mm

りゅう弾砲などの残虐な殺傷武器がガザ大虐殺で使用されていることも明らかになった。虐殺現場に最も近い日本企業であるファナックに対して、BDS Japan Bulletin などがネット署名を呼びかけ、三月二二日に二万八〇〇〇筆超が山梨本社に提出され、六月二七日の株主総会では本社前での抗議行動が取り組まれた。

ファナックは「ハフポスト」の質問に、「過去五年、当該軍需企業に軍事的な用途の販売は行っていません」と答えているが、外為法（外国為替及び外国貿易法）の「グループA」に分類される米英でのエンドユーザー（最終顧客）や用途の確認義務はなく、「大量破壊兵器」用途以外の通常兵器用途の場合の確認も不十分だ。さらに、欧州子会社から商社やシステムインテグレーターへの販売の場合、エンドユーザーは未確認であることも分かった。ファナックはただちに責任をもって調査を行ない、虐殺への加担を中止すべきである。

ここから巻き返すために

いま、人類史の汚点ともいうべきイスラエルによるガザ・西岸大虐殺と、日本の「死の商人国家」への堕落が同時に起きている。本稿の最後に、市民にとっての課題を列挙しておきたい。

パレスチナ連帯に関しては、なんといってもこれ以上の虐殺と侵攻の拡大を食い止め、恒久的な停戦を実現させることが急務だ。それと一体のものとして、イスラエル製の殺人ドローン輸入を中止させ、ファナックの虐殺加担をやめさせなければならない。日本政府が行なうべきは、イスラエルとの経済連携協定（EPA）共同研究の中止や投資協定の破棄、武器・技術に関する秘密情報保護の覚書の破棄、駐日イスラエル大使の追放などの対イスラエル制裁だ。国会議員やメディアに働きかけ、一つでも多く実行させなければいけないだろう。

さらに、恒久的な停戦の実現のためには、米国、ドイツによるイスラエルへの武器輸出をやめさせる必要がある。米国は「ラファを大規模攻撃した場合に武器供与を停止」と主張しているが、規模にかかわらず一人も虐殺させないためにこそ、ただちに武器供与を完全停止すべきだ。二〇二四年四月五日、国連人権理事会でのイスラエルへの武器売却停止決議に棄権した日本政府の責任も重大だ。

二〇二四年五月二〇日、国際刑事裁判所（ICC）がイスラエルのネタニヤフ首相やガラント国防相、ハマースの幹部三人に逮捕状を請求した。遅かったとはいえ、不処罰の長い歴史に終止符を打つ、国際司法の画期的な前進である。ICCの最大の資金拠出国であり、赤根智子所長を出している日本は、逮捕状発行を促進するために、ICCの独立性を守り、米国による妨害を非難すべきだ。

また、五月二五日には国際司法裁判所（ICJ）が、イスラエルにラファへの攻撃の即時停止を求める暫定措置命令を出した。しかし、イスラエルは命令後もラファなどの避難民テントを繰り返し爆撃し、子どもたち、人々を生きながら焼き殺し、肉片にした。イスラエルに命令を履行させるためには、各国政府が口先だけではなく実効性ある制裁措置を発動するしかない。私たち主権者は、何ひとつ制裁を実行していない日本政府を今度こそ動かさなければならない。

中長期的な課題としては、停戦で歩みを止めるのではなく、ガザ封鎖の解除や占領の終結を見据えた息の長い取り組みも求められる。

「軍産学複合体」をつくらせない

武器輸出や大軍拡に抗する課題については、第一に、経済秘密保護法や統合作戦司令部設置法（改悪防衛省設置法）、次期戦闘機共同開発の調整機関設置条約に次々と賛成してしまった立憲民主党に対して、強い批判を行なうべきだ。

岸田政権による戦争準備法にことごとく賛成するなら、野党としての存在価値はなく、政権交代にも意味はない。次期戦闘機の「輸出には反対だが開発には賛成だから法案に賛成」との立憲民主党の理屈は詭弁に過ぎない。次期戦闘機の完成は二〇三五年以降だ。それまでにできる限り早く政権交代させ、共同開発そのものを中止させなければならない。英国の武器貿易反対運動とも連携しながら、イギリス・イタリアによる武器開発・武器輸出をも同時に食い止める「一石二鳥」の意義を打ち出し、取り組みの広がりを作り出す必要がある。

殺傷武器の輸出については、豪州の新型艦艇の共同開発商戦に日本政府が参画しようとしていることも明らかになった。三菱重工製の「もがみ型護衛艦」をベースにするという。次期戦闘機に続く大型案件であり、中止させなければならない。また、七月以降に再開されると見られる与党の密室協議で、輸出用途の「五類型」（救難、輸送、警戒、監視、掃海）の拡大ないしは撤廃が図られようとしている。これに対しても、粘り強い取り組みが求められる。イスラエルや欧米の「死の商人」が出展する二つの武器見本市（一〇月一六日〜一九日の東京ビッグサイトでの「国際航空宇宙展」、二〇二五年五月二一日〜二三日にまた予定されている幕張メッセでの「DSEI Japan 2025」への反対運動の強化も必要だ。

不買運動などを通して、企業のレピュテーション（評判）リスクを最大化させることが重要になる。軍需部門の占める比率は、最大手の三菱重工でも一割前後にすぎない。日本の軍需企業は、「死の商人」とレッテルを貼られ、民生部門の売り上げに響くことをまだ恐れている。これがもし軍需に依存する構造になってしまえば、後戻りは困難となり、いよいよ日本版の「軍産学複合体」の出現となりかねない。

二〇一五年一二月のNAJAT結成から八年以上が過ぎたものの、武器取引反対運動は日本の平和運動において依然として少数派に留まっている。日本が再び加害者となる殺傷武器輸出を止めるために、独立した平和運動の再構築を呼びかけていきたい。

　私たちは歴史的な分岐点に立ち会っている。イスラエルに大量の武器を送り、拒否権で停戦決議を潰してきた「ジェノサイド共犯国家」米国との軍事同盟そのものの是非が問い直されてしかるべきだ。そして、市民運動がなぜここまで押し込まれているのかを検証し、現状や課題の共有を踏まえて、巻き返すための討論を行なうべきだと思う。

　ただし、声をあげつづけていくためにも、疲れた時は休み、お互いにケアしあいながら、早く、しかしゆっくりと、歩みを進めていくしかないと感じている。

第8章

平和学は平和の実践とどうつながるのか

堀 芳枝

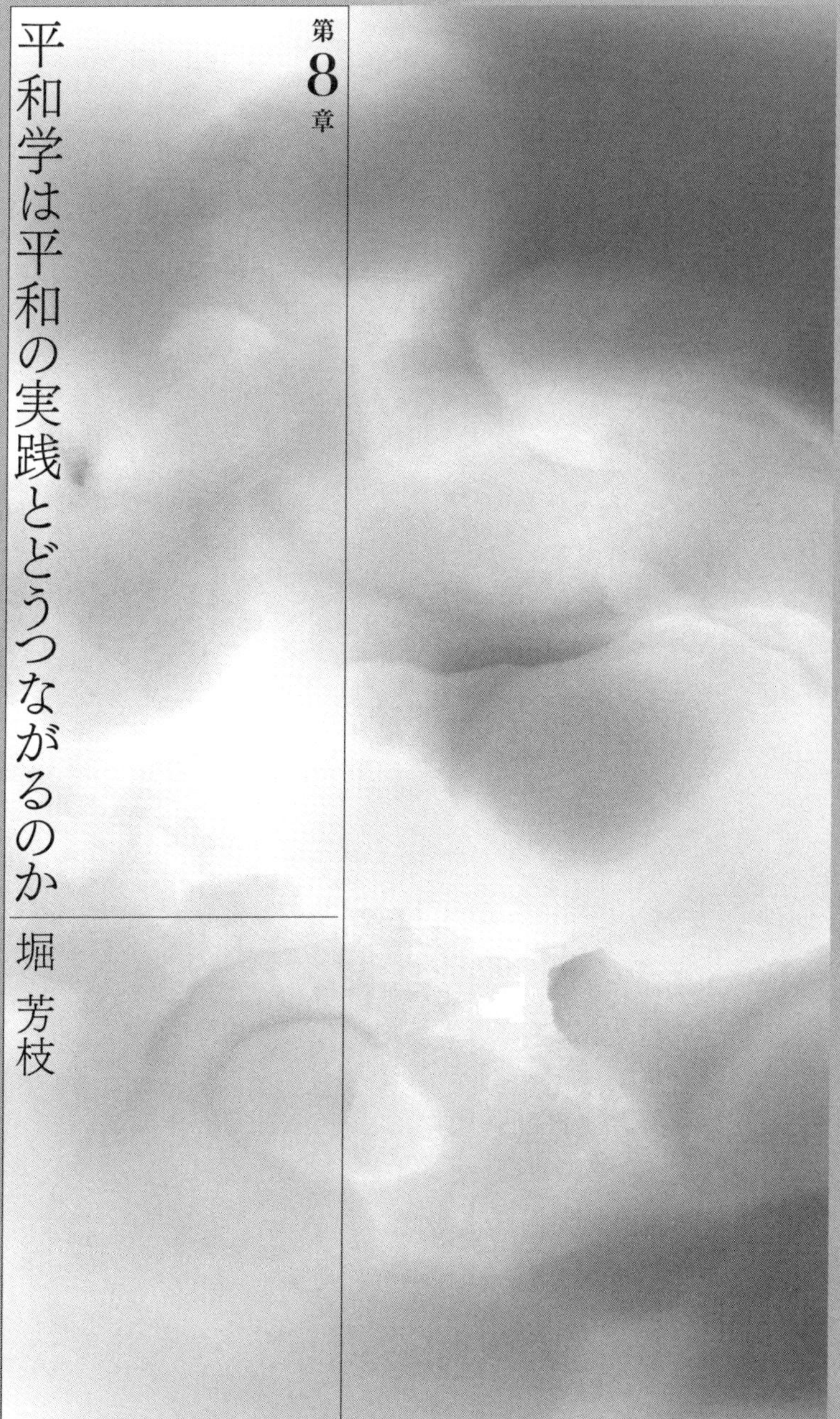

はじめに

平和は、あらゆる学問の入り口である。

平和学は、何が平和を脅かすのか、その原因を探るとともに、その解決を究明しようとする学問である。しかし、平和を脅かす要因をどうとらえるのか、その解決方法も一様ではない。また、時代や文脈によっても異なる。そのため平和学の領域は広く、その手法は総合的学問である。二〇二三年に日本平和学会の五〇周年記念として出版された『平和学事典』の序章「平和研究の現在」で同事典の編集委員長である石田淳が述べているとおり、平和学のアプローチは学際的で、さまざまな学術領域（地域研究、国際関係論、憲法学、国際法学、政治経済論、社会思想、歴史学など）と平和学の対話によって成立していると言えよう【1】。

そのため、平和学は担当教員の専門領域によってその語られ方は異なる。では平和学の共通点はないのだろうか。たとえばある学生にとって、「平和のために何ができるのか」という問いへの答えは、外交官になること、企業で活躍すること、国際機関やNGOで働くことかもしれない。とはいえ、平和学はキャリア形成のためだけにあるのではないし、全員が外交官をはじめとする国際社会で活躍する人物になれるわけではない。平和学では戦争や紛争、災害による被害といった可視化された暴力だけでなく、一人ひとりが市民として何気ない日常の中に埋め込まれた直接的・構造的暴力を分析できるようになり、その問題解決のために主体的に行動できるようになること、市民として平和を創造する力を持つことの大切さを学ぶこと、それが平和学の共通の目標ではないだろうか。

したがって、平和学を担当する教員は、研究にとどまらず、平和教育および教員自らが平和を創造する主体であることが求められている。平和学が、他の学問分野と隣接しながらも、意識的にせよ、無意識にせよ「何となく違う」ように感じられるのは、こうした点なのだろう。

筆者は二〇〇四年度〜一六年度まで、リベラルな校風として知られていた恵泉女学園大学（以下、恵泉と略、二〇二三年募集停止発表）の一年生必修科目であった「平和研究入門」を、二〇二〇年度からは早稲田大学で「平和学Ⅰ／Ⅱ」を担当し、平和学を平和の実践とどう結び付けたらよいのか、日々模索しながら授業を行なっている。また、筆者は国際関係論と東南アジア研究を専攻し、授業の他にもこれまでフィリピンやタイに学生を引率し現場を一緒に歩くフィールドスタディ・プログラムも担当してきた。「平和学が平和の実践とどうつながるのか」の答えは、日々の授業でアジアの人々の「顔が見えるように」することと、さらには学生と現地を訪問するプログラムを実施することで、アジアの人々と「顔の見える関係」をつくることではないかと考える。そこで本稿では「平和とは何か」をどのように教えてきたのか、アジアの人々との「顔が見える関係」をつくることについて述べてゆく。

平和とは何かを教えること

筆者が最初に着任した恵泉女学園大学は、キリスト教の信徒であった河井道《かわいみち》によって一九二九年に創設された。河井は第一次世界大戦後のヨーロッパを歴訪し、「戦争のない世界を作るためには、キリスト教の精神を基に、世界に開かれた人間、世界平和に貢献する女性を育てていくことである」との理想を持って恵泉女学園を創立したという【2】。ここでいうキリスト教の精神とは、隣人愛や異邦人に対しても差別なく接することであり、相手を尊重しながら平和を求めることであると考えられる。

一九八八年に大学が開学すると、初代学長村井資長《すけなが》は恵泉女学園大学を「真の平和を担う、女性の学問研究の場をつくるため」と位置づけ、平和学を一年生の必修科目とした【3】。一九九一年に大学設置基準が改正されて多様で特色あるカリキュラムの編成が可能となると、一九九二年からは「平和研究入門」に名称を変更して、日韓関係や戦後補償の専門家であった内海愛子、大学の教壇にたつNGO職員の先駆けとなった大橋正明ほか、それぞれの現場を持っている教員たちによって、自分たちの暮らしにつながる身近な問題からグローバルな環境や紛争問題まで、多彩なアプローチで平和についての授業が展開された。平和とは単に戦争を否定・反対するだけではなく、戦争を生み出す原因について考え、世界のさまざまな人々を尊重し共生する社会を創り出すことであるということを念頭に、「平和研究入門」の授業は恵泉女学園大学最後の一年生を迎えた二〇二三年度まで続いた【4】。

二〇一三年には平和研究入門のテキストとして『学生のためのピース・ノート』が出版された。そこでは、当時の授業担当者たちによって、恵泉の平和教育における「平和四原則」が確認された。第一に、非暴力の徹底である。ともすれば平和維持のための武力保持・行使が是とされている現実において、「積極的平和」の実現のためには暴力は望ましくないとする立場である。第二に、構造的・文化的暴力の克服、第三に、暴力を受けている当事者の視点から考える、第四に、歴史的な背景を学ぶということである。その後、それぞれの教員がこの「平和四原則」を意識しながら授業を行なうようになった【5】。

また、時間割も工夫し、学生が前期と後期のどちらかにアジアの歴史を学ぶ時間が当たるように工夫をした。さらに、担当教員の間でも「平和教育」の在り方についてたびたび議論し、他大学の平和ミュージアムの見学や、他の教員が実施する海外プログラムにも同行する機会を設けた。

初回の授業では「平和とは何か」、「いま日本は、そして国際社会は、平和といえるのだろうか」という質問を投げかける。自分にとって平和とはどのような状態なのか、自分たちが身近な問題や国際社会に対して、どのように考えているのかを確認するところから授業は始まる。

筆者の専攻は国際関係論と東南アジア研究で、四〇の手習いでジェンダー研究を始めたので、戦争や核などの直接的・構造的暴力を扱うよりは、たとえばバナナやTシャツがどこからやってくるのかというような身近なモノから構造的暴力について考え、私たちとアジアの関係について考える授業を組み立てることになる。これまで試行錯誤しながらやってきた授業のエッセンスを紹介すると以下のようになる。

たとえば、一九七〇年代を起点とする今日の経済のグローバリゼーションの下で、私たちの洋服を誰がつくっているのか、アジアの女性労働者の視点から考える時間は、学生たちにとって受け入れられやすい。ジェンダー研究では、一九七〇年代の日系企業進出によって設けられたアジアの輸出加工区の労働者たちの多くは、学生と同年代の一〇代〜二〇代前半の若年の独身女性だ。本来、その労働において男女の区別はないはずなのに、女性は「手先が器用で、従順で、賃金を低く抑えてよい存在」として位置づけられて積極的に雇用されている。私たちが安いからとたくさん購入し、あまり着ないままに捨ててしまうTシャツは、そんな彼女たちによってつくられている。また、学生たちが利用する一〇〇円ショップも多くの製品が中国、インドネシア、ベトナムなど、アジアで生産されている。

こうして具体的な事例を示すことで、自分たちが普段何気なく食べたり、身に着けているモノを誰がどのように作っているのかについて構造的暴力の観点から考えてみると、「便利で豊か」な暮らしの恩恵を受けること自体が、ひとつの利害関係を承認したり、ある種の権力関係を再生産していることに気づく。そこで「ではどうしたらよいのか」、「自分はどのような洋服を選べばよいのか」ということが自然と問われるようになる。

学生たちは、たくさんの食べ物や商品がアジアからやってきているのに、そこで暮らす人々の「顔」は知らない。そこで授業では民衆交易（People to People Trade）でアジアと日本をつないでいるNGO、APLA（英語表記 Alternative People's Linkage in Asia、あぷら）のスタッフの方に来てもらい、その活動や現地の様子について話してもらうこともある。実際に現地の様子を知ることで、「そこに行ってみたい」、「自分も参加したい」と思う学生も出てくる。自分たちのライフスタイルをあらためて考えなおす学生も出てくる。私たちの暮らしと社会の構造から世界を考える想像力を養うことは、平和について考え、実践するための第一歩と言えるだろう。

次に、日本とアジアの歴史についてあらためて考えてみる時間を設けることもある。高校までの教育の過程で多くの学生は、ヒロシマやナガサキの原爆投下による犠牲の大きさと被爆者の体験談、あるいは学童疎開などの体験談を聞くことなどによって、戦争の悲惨さと、二度と戦争を起こしてはならないということはすでに学んでいる。しかし、日本の加害について知る機会はほとんどない。筆者自身もフィリピンで滞在した村の老人たちと信頼関係を築いてから、当時の日本兵の様子を聞かされた経験がある。彼らは最初、筆者のことを「戦後初めて村にやってきた日本人」と思いながら見ていたそうだ。彼らは、口には出さずとも、当時のことは忘れていないのだ。

そこで、フィリピンで戦った日本兵の証言や、それをフィリピンの人々がどのように受け止めているのかについて、NPOブリッジ・フォー・ピースとともにワークショップをする。フィリピンで戦った元日本兵の方々の証言と平和に対する思いが「顔」を持って語られることで、歴史が身近になる。さらに教室の中にアジアやアメリカからの留学生がいる場合には、高校でどのようにアジア太平洋戦争が語られているのかコメントしてもらう。すると、戦争の語られ方は必ずしもひとつではないことに学生たちは気づく。「受験のために学んだ知識」、「日本史が得意だった私」が相対化される。その中から「もっと歴史を知るべきだ」という知的欲求が刺激される学生も出てくる。

かつては豊かな「北」と貧しい「南」の問題として切り分けることができた貧困と格差の問題も、一九九〇年代以降、グローバル経済の下でその様相が複雑に変化していることを前提にトピックを組み立てる必要が出てきている。市場の力が国家や社会の制度や仕組みに影響を与えるようになり、南と北の双方で経済成長から取り残された空間（グローバル・サウス）がある一方で、成長しつづける都市とそこで暮らす豊かな人々（グローバル・ノース）という空間が生まれているからだ。貧困・格差の問題はトランスナショナルな現象となり、「新しい貧困」問題として捉える必要がある。

また、二〇二二年一二月の日本における在留外国人数は三〇七万五二一三人と初めて三〇〇万人を超えて過去最高を更新した。その内訳は中国から約七六万人、次にこれまで二番目に多かった韓国や三番目だったフィリピンを抜いてベトナム人が約四八万九〇〇〇人となった（韓国は三位で約四一万人、フィリピンは四位で二九万八〇〇〇人）【6】。ベトナム人の多くは「技能実習生」として農業や漁業、建築現場など人手不足が深刻とされる分野で働いている。そして、コンビニや居酒屋といった私たちの生活空間で外国人労働者が働き、国境を越えなくてもアジアの人々の「顔」が見えるようになっている。

円安が進み、日本の「国力」の低下が指摘されるようになった今日において、私たちは彼らとどう向き合ったらよいのか。彼らの労働環境や人権、外国人排除の問題など、彼らとの共生を阻害する要因はたくさんある。これらの問題に触れることは国内の多文化共生を考えるうえで重要である。また、早稲田大学がある新宿区は新大久保や歌舞伎町などの繁華街を擁し、多くの外国人が飲食店をはじめとするさまざまなサービス業に従事している。そのように夜遅くまで働く親を持つ子どもたちの居場所をつくる学習支援の取り組みなどを紹介すると、興味を示す学生が現れることもある。

さらに、学生にとって身近な問題は教育格差だろう。こうした問題を単なる「親ガチャ」や「自己責任」であると片づけることは、無意識のうちに貧困や格差を肯定し、その構造を再生産する側に回ることを意味する。一九七〇年代以降に製造業が近隣のアジアに移転・

再配置されたことで産業の空洞化が生じ、新自由主義が進展する中でセイフティネットが切り下げられ、生活の糧を賃金として得られる働き方が失われていった結果として、これらの問題は起こっている。昨今の中国やインド、そして東南アジアの経済成長は、日本の低成長とつながっている。グローバル経済の下で複雑に絡み合う構造的暴力の問題を、時事的な動向を踏まえて日々組み立て直している。

アジアの人々と「顔」が見える関係をつくる

前職の恵泉では、平和研究入門を実践的に深め、多様な社会や価値観と出会い、それを尊重して世界や日本に対する視野を広げることや、グローバルな視点から社会的公正を目指す市民の育成を目的として、一九九九年度からインドやバングラデシュなどを訪問する短期フィールド・スタディを、二〇〇〇年度からタイ長期フィールド・スタディを立ち上げた。

筆者もこれまで大学のプログラムとして、学生たちとともにフィリピンやタイを歩いてきた。たとえば、学生たちのサトウキビ農園で働く農業労働者たちの村やスラムの訪問、タイのカレン族の村やストリートチルドレンのNGOを訪問したりながら、学生と貧困、開発、NGO、そしてジェンダーについて議論し、報告書を作成したり、卒論のテーマとして指導をしたり、村人がつくったコーヒー豆やはちみつを文化祭などで販売した。そうしたひとつひとつは小さいことだけれども、学生にとって良い思い出となるだけでなく、出会った人々とつながり、村でお世話になった代わりに、彼らのために自分たちも行動できるということを体験できる場になっていたと思う。

長期でタイに滞在するプログラムに参加した学生の中には、「何ができるのか」ということを葛藤しながら、自分の進路を切り拓いていった学生もいた。たとえば、ストリートチルドレンをテーマにNGOで体験学習をしたある学生は、卒業後に海外の大学院で学んだあと、国際NGOの現場で働いている。当時の彼女のレポートには次のようにつづられている。

「私にしかできないアプローチは何か。それは日本国内に向けた情報の発信と、チェンマイで活動する組織への間接的かつ継続的な援助ではないだろうか。チェンマイの児童労働や児童買春が日本人と全く無縁でないことを実感し、その形態を多少なりとも理解した今、搾取する側の国の人間として、それを日本社会にどのようにつなげていくか、継続的な支援を行うにはどうしたらいいかを葛藤し続けることが大切なように思う」【7】

また恵泉の場合は、農薬を使わずに野菜を育てる園芸の授業が一年次の必修科目だったことも平和研究入門やフィールド・スタディを実施する際に良い影響をもたらしていた。学生が一年間有機の畑と向かいあうことで、食物を作ることの大変さや自然の大切さなどを体験的に学び、有機農業や食物に関心を持つ学生もいる。たとえばファストフードの食事を食べすぎるのは健康に良くないとわかっていても、時間と食費がない時にはついつい食べていたという学生は、レポートの中で次のように書いている。

「私のその行動は、遠くの国、タイの換金作物の栽培を強いていることにつながるのではないかと考えさせられた。現にドンチアン村では、かつて多くの農民が日本向けの大豆生産を近代農法によって行っていた。何を食べるのか、何の仕事をするか、どんな農法を選ぶのか。何を選択して生きるかが問われている」【8】

彼女は卒業後に農業関係で働いている。

また生産者から見たコーヒーのフェアトレードをテーマにした学生は、一日にどれくらいコーヒーチェリーが詰めるか実際に試したところ、八時間で一七kgだった（一緒に摘んだ生産者は平均六二kg）。その日給を計算すると三四バーツで、タイ料理屋で食べる食事一回、一人分しか稼げなかったという。そこで、ふだん飲むコーヒー一杯の価値に対する考え方が大きく変わり、食べ物全てに長いプロセスがあり、生産者がいなければ、私たちは食べることはできないのに、生産者が搾取や貧困に悩まされていることに大きな矛盾を感じたという。一方で、生産者は貧しいと勘違いしてはいけない、「生きる」という自分と同じ目標があると感じたという【9】。

彼女は価格だけでなく、労働、環境や生活の変化という四つの指標を作って参与観察を行ない、次のように結論づけた。

「本当のフェアとは生産者を取り巻く環境への配慮であり、本当の意味は生産者自身の活動にすることで、生産者が自分の村について考え、貿易が出来る力をもつことが、生産者と村の自立ではないか」【10】

この学生は卒業後、コーヒー会社に勤めていたが現在は退職し、体験学習先のコーヒー豆を自ら輸入して、バリスタとして自分の店を持った。

このように、筆者の一六年間の恵泉における教育経験から、「戦争ではなく平和の準備」を進めていくためには、大学の教育カリキュラムにおいて、平和の実践につながるような平和学の学習と、何らかの体験的なプログラムを組み合わせることが、良い学習効果をもたらすと考えている。教員にとっては、単位を取得すること「だけ」を目的に履修する学生が多いと、その負担感は大きくなってしまうが、単位を取得することが目的で履修した学生の中にも、学習とフィールドワークの中でさまざまなことに気づき、人生が大きく転換するきっかけになることもあるからだ。教員は学生のポテンシャルを信じながら、寛容に向き合うことが求められる。一方で、少子化とはいえ、このような平和学を柱にしたユニークな大学が閉じられることは、筆者からすると、日本が「新しい戦争」へと突き進んでいる一端であるようにも感じられる。

また、残念なことに、二〇〇〇年代以降、新自由主義の流れが強まる中で、大学の学びと就職を直結させるべきだという空気を背景に、キャリア教育も積極的に取り入れながら、ボランティアは「インターン」となった。筆者が恵泉を去るころには、体験学習も「インターン」に読み替えられることが増え、「生涯就業力」をつけるためのプログラムのひとつとして位置づけられていった。就職活動でアピールできる「手段」として参加する学生も増え、本来のボランティアや体験学習の意味から離れてしまっていくことに、教育の現場で戸惑うこともあった。さらに「国際化」とは英語の授業を増やし、海外に留学する機会を増やすこと、あるいは英語で授業をして海外の留学生を受け入れることと考えられる傾向があるのではないか。英語に力を入れること自体は賛成だが、多文化多言語、異文化理解という視点が欠けてしまう恐れはないだろうか。

そして最近では、デジタル化の波の中で、データサイエンス授業が必修化されつつある。これはデータを分析して社会課題を解決する力を身につけるためのものである。筆者も社会の事象を数値化し、モデリングすることは一般的には説得力があり、有効な手段であると考える。しかし、数値化できない社会の特徴（文化的背景や歴史的文脈）を考慮せずにモデリングをして、それがすべてだと思うようになってしまうと、それは押しつけであり、ある種の暴力になってしまわないだろうか。

早稲田での平和学と実践

現在所属している早稲田の社会科学部のカリキュラムには「平和学Ⅰ／Ⅱ」と「紛争解

決実習」という海外研修の科目がある。筆者が早稲田に着任した二〇二〇年からはコロナのためにこの「紛争解決実習」は一時中断していたが、二〇二四年度から再開することになった。

二〇二三年九月、ゼミ生たちと二泊三日で広島を訪問した。広島出身で核兵器禁止条約の第二回締約国会議に赤十字国際委員会のユース代表として参加もしているゼミ生の高垣慶太さんが、訪問先を調整してくれた。初日は午後二時に原爆ドームの前に集合だったが、観光もしたい三年生たちは、始発の新幹線で宮島を楽しんでからやってきた。この「みんなで楽しい」という感覚はとても大切である。振り返りや議論をより活発にする効果があるからだ。

広島平和記念資料館と韓国人原爆犠牲者慰霊碑を訪れた後、二つのグループに分かれ、戦前は毒ガス工場があったために地図から消されていた大久野島と、陸軍の検疫所でドイツ人の捕虜も収容されていた似島《にのしま》を訪問した。さらに、被爆を経験した九三歳の切明《きりあけ》千枝子さんからは、当時の被爆体験のお話だけでなく、今では「国際平和拠点」とされている広島が、戦前は「軍都広島」として中国に出兵する多くの兵士たちを送り出していた様子なども話していただいた。その後、全員で振り返りをしたが、切明さんの「平和は向こうからやってくるものではない、自分でつかんで離さないようにしっかり守らないと、あっという間に失われてしまう」という言葉は、学生たちの心に深く残ったようであった。

学生たちはスタディツアーが面白い、と感じたのだろうか。この年の学期末には、ゼミの有志が他のプログラムに便乗して福島を訪問し、ゼミで移民難民カフェのお弁当を食べようという提案にも積極的だった。お弁当を食べた学生たちが、自ら早稲田祭で出店したいと言い出したことは何よりうれしいことだった。ゼミ論文もいつもは腰が重く、「やっと書く」学生が多いのに、執筆合宿を行なうなど、熱心に取り組んだ。彼らは自分たちで企画し、実行できる力があるので、教員は彼らの背中をちょっと押すだけで、自分たちで動けることがわかった。そうした彼らの様子を見ていると、今の社会を嘆く前に、私たち大人にもまだできることはあると思う。私たち平和学を担う教員たちは「戦争ではなく平和の準備」を日々粛々とやっていくこと、当たり前だが学生たちと時間をかけて向き合うことが、使命なのではないだろうか。

自分の平和学の授業は、平和の実践とどうつながっているのか。あらためて振り返ると、筆者の日々の教育活動が、私の指導教授であった村井吉敬《よしのり》先生とそっくりであることに気づく。

『エビと日本人』を執筆した村井先生はつねにインドネシアの人々にとって望ましい援助とは何か、開発とは何かを問いかけつつ、インドネシアの民主化を支援するネットワークの構築に奔走した。学生たちとの対話や議論を楽しみ、どんな意見に対しても真摯に答えてくれた。筆者も一九九五年にゼミのみんなとベトナムやカンボジア、そしてタイを巡った。タイのカンチャナブリにある泰麺鉄道のことをまったく知らずについていき、連合軍共同墓地を訪問し、当時の日本軍による過酷な強制労働の問題を知り、帰国してから泰麺鉄道についてあらためて調べた。村井先生は「平和学」という科目は担当していなかったが、アジアの人々にとって開発とは何かという視点から構造的暴力を教えていたと思う。すなわち、私たち先進国の人間のライフスタイルが権力関係を再生産し、その恩恵の秩序を受けること自体がひとつの利害関係を承認するということ、それに敏感であれと先生は示唆していたように思う。そして、「彼女・彼ら」と「私たち」が共に生きる社会を問い、オルタナティブを模索しようとしていた。

そのことを考えるとき、大学のカリキュラムに「平和学」が設置され、制度化されていることはもちろん望ましいことであるが、そうでない大学でも、教員の指導次第で平和教育は可能だといえる。日本平和学会の教員たちは日々、平和教育をさまざまな形で行なっている。筆者も村井先生から教えていただいたことをしっかりと次世代に引き継ぎ、「戦争ではなく平和の準備を」しつづけていきたい。

1　石田淳「平和研究の現在」『平和学事典』丸善出版、二〇二三年。

2　中山洋司「『平和研究入門』に見る恵泉女学園大学の平和教育」『史料室だより』第二四号、恵泉女学園史料室、二〇一八年、一頁。
3　松井弘子「恵泉女学園大学開学と『平和学』」『史料室だより』同、二−三頁。
4　大町麻衣「『平和学』から『平和研究入門へ』」『史料室だより』同、三頁。
5　堀芳枝・上村英明・高橋清貴『学生のためのピース・ノート』御茶の水書房、二〇一三年、四一−四六ページ。
6　「令和四年末現在における在留外国人数について」出入国在留管理庁
7　堀芳枝・波多真友子、恵泉女学園大学体験学習委員会『タイで学んだ女子大生たち 長期フィールド・スタディで生き方が変わる』二〇一六年、一四頁。
8　同書、一二四頁。
9　同書、一一五頁。
10　同書、一一五頁。

第9章

平和のアジェンダを再設定する

我々は何ができるのか、何をするべきなのか

君島東彦

憲法平和主義が泣いている

二〇二二年一二月の「安保三文書」改定において、反撃能力（敵地攻撃能力）の保有も憲法九条のもとで許容されるという解釈変更がなされたとき、憲法九条は死んだという議論がなされた。

憲法九条は死んだのだろうか。しかし、「憲法九条は死んだか」という議論はいま始まったわけではない。すでに一九九九年、周辺事態法が制定されたとき、ダグラス・ラミスは「憲法九条は死んだか」という議論をしていた。一九九九年と比べるならば、いまの自衛隊の行動範囲は桁違いに拡大している。憲法九条は何度死んだのだろう。

憲法九条による自衛隊の行動・日本の防衛能力に対する規制力はたしかに弱まってきた。しかしそれは憲法平和主義の一部である。ここにだけ注目して規制力の衰退を嘆くばかりでは駄目である。憲法平和主義が泣いている。我々はまだまだ憲法平和主義の真意を汲み取っていないし、憲法平和主義を実践していない。

憲法平和主義は九条と前文の不可分のセットである。九条の核心は「the Japanese people forever renounce war as a sovereign right of the nation（日本国民は主権的権利としての戦争を永久に放棄する）」、つまり軍事的主権の放棄にある。日本国憲法下の日本は軍事的主権を自己抑制しており、日本の安全保障のためには国際組織ないし他国を必要とする。前文は「日本国民は……平和を愛する諸国民の公正と信義に信頼して、われらの安全と生存を保持しようと決意した」と述べている。この部分は、平和問題談話会の「三たび平和について」（一九五〇年）が述べたように、「非武装日本の安全は国連による」ということを意味する。しかし冷戦ゆえに国連の安全保障システムは実現せず、日本政府は日米安保体制（米軍駐留＋米軍と一体化する自衛隊）によって日本の安全を確保する方向へ向かった。その現段階が二〇二二年の安保三文書および二〇二四年の第六次アーミテージ・ナイ報告書に示されるような日米の軍事的統合である。

しかしながら、「平和を愛する諸国民の公正と信義に信頼して、われらの安全と生存を保持」するという憲法前文の趣旨は、敵を想定する軍事同盟ではなく、すべての国家を包摂する安全保障の枠組みをつくり、その中で日本の安全を確保するという共通の安全保障の考え方であるというべきである。国連憲章第七章の集団安全保障システムが実現しなかったのであれば、それに代わる共通の安全保障の枠組みを東アジアにつくることが、憲法前文の発展的読解になるとわたしは考える。

憲法九条の軍事的主権の放棄は、なんらかの地域的安全保障の枠組みとセットでなければ生きない。共通の安全保障の枠組みがあって初めて、憲法九条の本来の趣旨は生きるのである。共通の安全保障の枠組みの信頼性と九条の規制力とは相関関係にあるといえよう。

我々は、九条の規制力の衰退を批判するだけではなく、東アジア共通の安全保障の枠組みをつくる努力をしなければならない。それが憲法平和主義の趣旨である。我々は東アジア共通の安全保障の枠組みをつくる努力を怠ってきたのではないか。その結果が九条の規制力の衰退である。わたしには憲法平和主義が泣いている声が聞こえ、涙が見える。

共通の安全保障――ともに生き残る

わたしは共通の安全保障のパラダイム＝典型例は、CSCE（欧州安全保障協力会議）であると思う。CSCEは、冷戦期の一九七五年に中立国フィンランドのイニシアティブで、敵対していたNATO（米国側）とワルシャワ条約機構（ソ連側）の双方の加盟国すべてを包摂してつくられた非軍事の地域安全保障の枠組みである。ヘルシンキ・プロセスとも呼ばれる。敵対する双方が互いに透明性を高め、徐々に信頼関係をつくっていったことが最終的に米ソ冷戦終結に至った。

このプロセスにおいては、政府間関係のみならず、西欧と東欧の市民社会の交流・浸透も冷戦終結に貢献した。CSCEは一九九五年にOSCE（欧州安全保障協力機構）となり、中立国オーストリアのウィーンに事務局を置いて活動を発展させた。ともにOSCE加盟国であるロシアとウクライナの戦争を防ぐことはできなかったが、OSCEは依然として重要な組織であると思う。

元スウェーデン首相オロフ・パルメが中心になって作成されたパルメ委員会報告書『共

通の安全保障』（一九八二年）も重要である。この報告書は、米ソが互いに国家の存亡をかけて軍事的抑止論で対決するのではなく、軍縮によってともに生き残るべきだというメッセージを発していた。

いま東アジアにおいて同じことがいえる。日米側と中国側の軍事的抑止の対決ではなく、共通の安全保障の考え方によってともに生き残るべきである。中長期的には、東アジアにCSCEのような共通の安全保障の枠組み（CSCA）をつくることをめざすべきである。

「しない」平和主義と「する」平和主義

憲法平和主義は九条と前文の不可分のセットであるが、それは同時に「しない」平和主義と「する」平和主義の不可分のセットでもある。それはどういうことか。ここで少し、憲法というものの性質について議論しておく必要があるだろう。

憲法とは、人権を保障するために政府を創出し、それを規制する法規範である。憲法の中では政府の活動を規制する制限規範・禁止規範（「政府は……をしてはいけない」）が重要である。軍事的主権の放棄、戦力の不保持を規定する憲法九条はまさに制限規範・禁止規範である。それに対して憲法前文は積極的政策規範というべきものである。

憲法前文は、「われらは、平和を維持し、専制と隷従、圧迫と偏狭を地上から永遠に除去しようと努めてゐる国際社会において、名誉ある地位を占めたいと思ふ。われらは、全世界の国民が、ひとしく恐怖と欠乏から免かれ、平和のうちに生存する権利を有することを確認する」と述べている。つまり、専制と隷従、圧迫と偏狭、恐怖と欠乏等の暴力を克服しようとしている国際社会の努力に日本の市民も合流するという決意を表明しているのである。これは国際平和貢献への決意表明である。その内容と方法はある意味では抽象的であり、我々が前文の意味を充填し、具体化していく必要がある。前文は仮に裁判規範でないとしても、国会および政府の政策を方向づける政策規範であることは間違いない（「日本の政府および市民は……をすることができる、……をするべきである」）。憲法前文は積極的政策規範というべきものなのである。

憲法九条のような制限規範・禁止規範は「しない」平和主義である。戦争をしない、武力行使をしない、戦力を保持しないことが要請される。それは平和の重要な側面である。しかし、それだけでは平和は実現しない。平和をつくるために、日本の政府と市民は何をするのかが問われる。「する」平和主義が必要である。

我々は、東アジアにおいてどのような安全保障政策をとるのか、あるいはウクライナ、ガザ等で起きている人道的危機にどのように対応するのか。それが問われる。自衛隊の行動・日本の軍事的役割を拡大するべきでないという声が聞かれる。もし自衛隊の行動・日本の軍事的役割を拡大しないのであれば（「しない」平和主義）、我々は非軍事的に何をするべきなのか。東アジアにおいて、世界の人道的危機に対して、何もしない、傍観するというのは憲法平和主義の趣旨ではない。我々の「する」平和主義が問われる。「しない」平和主義と「する」平和主義も不可分のセットなのである。

マルチトラック平和外交

それでは、憲法前文の積極的政策規範の具体化、すなわち「する」平和主義は、どのように実践しうるか。我々がめざすべき方向は、日本の軍事的役割の拡大ではなくて、平和外交であると言われる。まったくそのとおりである。しかし、日本の外交はどうなっているのか。憲法平和主義が日本の外交を方向づけるべきであるが、日本外務省の九条解釈は二〇一五年の「平和安全法制」、二〇二二年の安保三文書の方向である。日本外務省は米国との防衛協力を拡大強化する方向へ九条解釈の変更を主導してきた（外務省出身の小松一郎内閣法制局長官のときに集団的自衛権行使容認への九条解釈変更が行なわれた）。

日本の外交は「安保村」（豊下楢彦の表現）に規定されているという見方がある。「安保村」とは、東京とワシントンの外務・防衛官僚の結びつきをコアとして、太平洋を横断する日米の政治家、財界、学者、メディア、司法がつくる権力複合体である。「安保村」の論理によって、沖縄の民意は無視され、日中関係は軽視される。「安保村」は憲法平和主義の趣旨である東アジアの共通の安全保障にあまり積極的とはいえない。そうであるとすると、東アジアの共通の安全保障をめざす平和外交の担い手はどこにいるのだろうか。

外交について考えるとき、わたしはマルチトラック外交、あるいはマルチトラック平和外交の考え方が参考になると思う。マルチトラック外交とは、米国の平和研究者ダイアモンド（Louise Diamond）と元外交官マクドナルド（John McDonald）が一九九六年に打ち出した考え方で、九つのトラックないし主体が織りなすシステムとして平和構築を考えるものである。トラックとは陸上競技場のトラックと同じで、外交のルートを意味する。

九つのトラック、主体とは、政府（トラック1）、非政府の専門家（トラック2）、ビジネス（トラック3）、一般市民（トラック4）、研究・教育（トラック5）、市民運動（トラック6）、宗教（トラック7）、財団（トラック8）、メディア（トラック9）である。

フィンランドの平和研究者マルコ・レーティ（Marko Lehti）は、マルチトラック平和外交という言い方をしている。マルチトラック外交の考え方は、国際関係は外務省だけがつくっているのではなく、さまざまな主体がつくっているのであって、外務省以外の主体、我々市民の役割も小さくないということを再確認させてくれる。

付言すると、外交の主体として、地方自治体が挙げられることがあるが、地方自治体は地方政府であるから、ダイアモンド＝マクドナルドのマルチトラック外交論では、トラック1の政府の中に位置づけられることになるであろう。

本稿では、東アジアの共通の安全保障をめざす平和外交の担い手として、大学と自治体に触れておきたい。

大学は外交の主体である——東アジアをつなぐ研究者・学生

ダイアモンド＝マクドナルドのマルチトラック外交論は、トラック5として研究・教育交流を挙げている。大学はある意味で外交の主体である。

日本、中国、台湾、韓国の各大学・大学院には、非常に多くの東アジア人学生が在籍しており、また交換留学制度によって、大規模な学生の移動・交流がなされている。これらの学生の往来は、東アジアの共通の安全保障を準備しているといえる。とりわけ現在、日本と中国の間にある緊張関係を制御することは大きな課題であるが、日中の緊張関係を克服する主体として大学、研究者、学生の役割は小さくない。

これに関連して、日本、中国、韓国の三カ国の教育担当官庁のイシニアティブで二〇一一年に始まった「キャンパス・アジア・プログラム」は注目される。これは、たとえば神戸大学—復旦大学—高麗大学校のように日本、中国、韓国の三カ国の大学が連携して共同で教育プログラムをつくり、三大学の学生が移動しつつ共に学ぶというものである。

ここでわたしの個人的な経験を付け加えることをお許しいただきたい。立命館大学国際関係学部の君島ゼミは二〇一一年からほとんど毎年、中国・上海の復旦大学を訪れて、復旦大学日本研究センターの賀平教授の協力を得て、復旦大学の学生たちと「日中学生平和対話」を行なってきた。二〇一八年からは韓国のキョンヒ大学が加わり、「日中韓学生平和対話」を行なった（コロナ禍で中断したが、二〇二五年再開の予定）。これはまる二日間、日中（韓）の学生たちが英語で東アジアの国際関係についてプレゼンと討論を行なうというものである。非常に突っ込んだ議論にもなる。日本の大学生は、中国、韓国の大学生と接したときに本格的に一八九四‐一九四五年の日本帝国主義の東アジア支配を知り、動揺する。同時にいまや日本を超えている面も多い現在の中国や復旦大学の学生の学力・英語力の高さに驚く。この学生平和対話の効果は絶大で、これに参加した立命館大学の学生にとっては中国に関する認識が根底から刷新される経験となっている。わたしはこのような交流が東アジアの平和を準備することを信じて疑わない。

学生の往来・交流に劣らず、大学教員・研究者の往来・交流も重要である。日本平和学会は二〇一五年から「日中平和学対話」を行なってきた。日本平和学会、南京大学、中国の民間シンクタンク・チャハル学会（会員として退職外交官が多い）の三者の共催で、北京、南京、大阪、オンライン（名古屋）、南京と開催地を変えながら、過去一〇年間、五回にわたって開催してきた。毎回、日本の平和研究者と中国の研究者（国際政治学者、歴史学者等）がそれぞれにプレゼンをして、その後インフォーマルな意見交換・交流をしてきた。東アジアの批判的知識人のネットワークをつくるという目標を持って始まった日中平和学対話であるが、次回二〇二六年には東京で日中韓平和学対話として開催する準備をしている。

いま、とりわけ中国を冷静に、冷徹に認識し、分析することの重要性は言うまでもない。わたし自身、日々その努力をしているし、二〇二三年一〇月には四年ぶりに上海の復旦大学を訪れて、中国の研究者、学生と議論、意見交換をした。わたしとしては、いまの中国社会に静かに存在している「自立した批判的知性」とともに東アジア共通の安全保障をめざすことができる日を待っている。

沖縄県の地域外交――抑止力としての自治体平和外交

近代主権国家システムにおいて、外交権限は中央政府に一元化される傾向があったが、住民の人権（生命、財産）を保障する責任を負っている地方政府＝自治体がその責任を果たすために中央政府の外交を補完する自治体外交を行なうことは何ら問題がないであろう。「外交は国の専管事項」という言い方は不正確である。世界各地の自治体による自治体外交の実践例は限りがないし、日本においても、広島市・長崎市の平和外交、冷戦後一九九〇年代の環日本海圏の自治体交流、あるいは自治体と米軍との関係構築等、自治体外交の豊かな経験がある。

なかでも大日本帝国に併合される以前、琉球王国として独自の外交を行なっていた沖縄県の経験は特別であろう。一九四五年以降、米軍統治下であろうが、日本政府の施政権下であろうが、沖縄県は巨大な米軍基地を擁して米軍基地のもたらす危険（沖縄県民の生命、財産に対する危険）とともにあった。この危険を減らすために、歴代沖縄県知事は訪米して米国政府に米軍基地縮小・返還の要請をしてきた。また同時に、歴史的に関係が深い中国、台湾とも注意深く友好関係を維持してきた。

このように、沖縄県にとって自治体外交は馴染みが深いのであるが、近年あらためてこの問題が前景化している。それは「台湾有事」に対する日米の軍事的抑止力強化の議論が活発化しているためである。万一、「台湾有事」が起きた場合、台湾に隣接し、米軍基地を擁する沖縄県は再び戦場となる危険性が高い。わたしは、一九五八年の第二次台湾海峡危機のとき、米軍幹部が「もし米軍が中国へ核攻撃すると、報復としてソ連が台湾と沖縄を核攻撃するだろう。我々はそれを受け入れなければならない」という議論をしていたことを想起する。玉城デニー知事と沖縄県民は沖縄が再び戦場となることに対する危機感を持っている。

沖縄県は二一世紀に入って作成した「沖縄二一世紀ビジョン」「新・沖縄二一世紀ビジョン基本計画」等の政策文書の中で、これまでの取り組みを「地域外交」と呼び、地域外交の重要性を確認していたが、いよいよ地域外交の取り組みを強化する局面となったのである。

二〇二三年九月から一二月にかけて、「沖縄県の地域外交に関する万国津梁会議」（沖縄県の有識者会議）が開催された。ヤマトの人間ながら、わたしはこの会議の委員長をつとめた。この会議は提言書をまとめて、それを二〇二四年一月一八日に玉城デニー知事に提出した。

それを受けた沖縄県は二〇二四年三月、沖縄県地域外交基本方針を策定した。この基本方針は、沖縄県が（1）アジア太平洋の平和構築に貢献する国際平和創造拠点、（2）さまざまな国際ネットワークの結節点となるグローバルビジネス拠点、（3）世界の島嶼地域とともに発展する国際協力・貢献拠点、となることを目標として設定している。

この基本方針から、我々は、沖縄県とアジア太平洋のさまざまな主体との間の関係構築・ネットワーク構築によって、軍事衝突等の不測の事態を防ぎたい、というメッセージを読み取ることができる。辺野古の基地建設に反対する訴訟が「守り」であるとするならば、沖縄県の地域外交は「攻め」であるとわたしは考えている。沖縄県の地域外交がこの地域の武力紛争を防ぐ非軍事的な抑止力となることが期待される。

ダイアモンド＝マクドナルドのマルチトラック外交論においては、自治体＝地方政府は、政府（トラック1）に位置づけられるのであろうが、中央政府が当該地域の住民の人権（生命、財産）の保障に積極的でない場合、その地域の政府＝自治体が住民の人権保障のために活動することは必要性・緊急性が高いというべきであろう。沖縄県の地域外交はまさにそのような活動である。

パレスチナの人道的危機にいかに非武装で対応しうるか

憲法平和主義の一つの側面、「する」平和主義について議論すべき点は数多くある。本稿では最後に、東アジアを離れるが、いまの世界の緊急の平和課題に関連して、簡潔に議論しておきたい。それは、パレスチナの人道的危機に対して、我々は非武装で何ができるのかという論点である。

パレスチナ人組織ハマースとイスラエル軍との間の暴力の応酬、イスラエル軍によるジェノサイド的状況の中で、我々はいったい非武装で何ができるのかと思う。ここで、このような状況においてもなお、イスラエル／パレスチナにおいて非武装で平和をつくろうとする努力がなされていることを強調したい。

それはunarmed civilian peacekeeping（非武装による平和維持）あるいはunarmed civilian protection（非武装による住民保護）、UCPという方法である。イスラエル／パレスチナにおいて、このような活動をしている団体はいくつもある。ここでは、Ta'ayush、Looking the Occupation in the Eye、the Center for Jewish Nonviolence、Community Peacemaker Teams、Standing Together の五つの団体を挙げておく。これらの団体は、ヨルダン川西岸地区および東エルサレムで活動している。

これらの団体はそれぞれ活動のスタイル、重点に違いがあるが、総じていえば、ユダヤ人とパレスチナ人の共同作業であり、パレスチナ人にユダヤ人が寄り添って、パレスチナ人に対する暴力を防ごうとする努力である。たとえば、パレスチナ人に付き添い、彼らへの嫌がらせを防ぐ。あるいは通学するパレスチナ人の子どもに付き添って彼らを守る。ガザへ輸送する支援物資を検問所で妨害しようとするイスラエル人入植者から守る等々。イスラエルのユダヤ人、あるいは世界のユダヤ人のすべてがイスラエル軍の軍事行動を支持しているわけではない。さまざまなかたちでパレスチナにおける暴力を減らし、防ごうとする活動がなされている。

先日、国連人権理事会に提出された、パレスチナにおける人権状況に関する特別報告者、フランチェスカ・アルバネーゼの報告書「ジェノサイドの分析」は、「国際的な保護主体」をパレスチナに派遣することを求めているが、その「国際的な保護主体」は現在ヨルダン川西岸地区および東エルサレムで活動しているUCP（非武装による住民保護）のNGOのようなスタイルの活動が望ましいと述べている。

この報告書をうけて、UCPのNGO、Nonviolent Peaceforce（非暴力平和隊）の創設者、メル・ダンカンは、ヨルダン川西岸地区および東エルサレムで小規模で活動を続けている団体の活動方法を大規模に拡大するべきだと主張している（Waging Nonviolenceのウェブサイト、二〇二四年五月二八日）。いますぐにガザでこのような活動を展開することは不可能であるが、これから先、ガザにおいて国際的なプレゼンスを派遣する可能性・必要性が生じたときに、軍隊が派遣されるのを傍観するのではなく、UCP（非武装による住民保護）のNGOの大規模なチームをガザに派遣できるように我々はいまから準備すべきだとメル・ダンカンはいう。

わたし自身、二二年前、メル・ダンカンとともにNonviolent Peaceforce（非暴力平和隊）の設立にかかわった。UCPという方法はガンディーのシャンティ・セーナ（peace army）の構想にさかのぼる歴史を持っている。紛争当事者に寄り添って紛争の暴力化を防ぐという考え方である。世界中のNGOが世界各地――コロンビア、グアテマラ、ニカラグア、スリランカ、南スーダン、フィリピン、パレスチナ等々――で小規模ながら実践して発展させてきた方法である。この方法はその有効性が国連文書の中でも確認されている。

わたしは、UCP、すなわち非武装による住民保護は、まさに「する」平和主義の一つであると考えている。憲法平和主義とイスラエル／パレスチナにおけるUCPのNGO活動は響き合っている。憲法平和主義のもとで、我々にできること、我々がするべきことは限りがないというべきであろう。

【参考文献・ウェブサイト】

君島東彦編著（二〇〇八）『非武装のPKO――NGO非暴力平和隊の理念と活動』明石

書店

君島東彦（二〇二三）「憲法の平和構想」日本平和学会編『平和学事典』丸善出版

ダンカン、メル、君島東彦（二〇一六）『ピースキーパー――NGO非暴力平和隊の挑戦』阿吽社

パルメ委員会／森治樹監訳（一九八二）『共通の安全保障』日本放送出版協会

ラミス、C・ダグラス（二〇〇〇）『憲法と戦争』晶文社

Diamond, Louise, and John McDonald (1996) *Multi-Track Diplomacy: A Systems Approach to Peace*, Third Edition, Kumarian Press

Lehti, Marko (2019) *The Era of Private Peacemakers: A New Dialogic Approach to Mediation*, Palgrave Macmillan

https://wagingnonviolence.org/2024/05/now-is-the-time-to-send-unarmed-peacekeepers-to-gaza-and-the-rest-of-palestine/ （最終閲覧二〇二四年六月九日）

第10章

【提言】戦争ではなく平和の準備を（二〇二二年一二月）

【声明】「戦争の時代」を拒み、平和の選択を（二〇二三年一二月）

平和構想研究会

【提言】戦争ではなく平和の準備を

――〝抑止力〟で戦争は防げない――

（二〇二二年一二月一五日）

はじめに

いま日本は、戦後八〇年近くにわたって不戦を貫いてきた平和主義の道を歩みつづけるのか、それともその道から決定的に逸脱して、アジア近隣諸国との対立と紛争への道に進むのか、その分岐点に立っている。

政府・与党は、「国家安全保障戦略」など安全保障関連三文書の改定を強引に進め、まもなく閣議決定しようとしている。それは、日本の防衛・安全保障政策を根本的に変更し、日本の「国のかたち」そのものを転換させるものである。

敵基地攻撃能力の保有をはじめとする一連の政策は、日本国憲法の平和主義の原則を逸脱し、周辺諸国との関係を悪化させ、軍拡競争を助長するきわめて危険なものである。そうした決定が、憲法の下での民主的過程を経ずに強行されようとしている。

これは、大きな反対の声がわきあがった二〇一五年の安保法制と並ぶ、あるいはそれ以上の重大な政策転換である。

にもかかわらず、批判的で慎重な検証も、国民的熟議もなされていない。少なからぬメディアが「結論ありき」とばかりに政府方針を既定路線として報じる中で、憲法との関係が議論されることもほとんどなく、立憲主義のもと私たちが政府に課しているはずの平和主義と民主主義の原則が、公然と無視されている。

軍事費を倍増させるような軍拡が、私たちの安全を保障するのか。むしろ軍縮こそが、それを保障するのではないか。そして、緊張緩和と信頼醸成のための平和外交の展開こそが、アジア地域の平和を実現するために求められているのではないか。

軍拡のための「戦略」ではなく、平和のための「構想」こそが求められている。戦争の準備ではなく、平和の準備をしなければならない。

今年一〇月、研究者、ジャーナリスト、NGO活動者ら有志が集い、平和構想提言会議を立ち上げた。そして、政府が閣議決定しようとしている「国家安全保障戦略」に対置する「平和構想」について議論を重ねてきた。この提言文書は、その成果である。

この文書が、いま起きている問題の理解を深め、国会議員、政党、政府関係者、研究者、ジャーナリスト、NGO活動者らに活用され、さらなる議論と行動につながることを期待する。

1 いま何が起きているのか

1－1 政府が勝手に憲法を上書きしようとしている

いま、政府・与党がおこなおうとしている「国家安全保障戦略」など安全保障関連三文書改定は、日本の防衛・安全保障政策を根本的に変更するものである。それは、端的にいえば、日本が自ら戦争をする国家に変貌するということである。これは本来、国民投票を通じて憲法を明文的に変えなければ許されないほどの重大な変更である。しかし、そのような手続きを無視し、「国民的選択」と言えるような熟議も国会における徹底的審議もないままに、憲法の実質が勝手に上書きされようとしているのだ。

首相の諮問機関にすぎない有識者会議が、二カ月にも満たない議論の末に作った報告書の中で、「反撃能力」という名の敵基地攻撃能力の保有が「抑止力の維持・向上のために不可欠である」とたった一文で結論づけた【1】。そこに何らの説明も検証もなされていない。

元来、国内における実力の管理は国民国家の重要な役割であり、日本の場合は憲法九条以下の法制度によりこれをおこなってきた。政府はこれまで、防衛・安全保障政策について、憲法との適合性を、論理的整合性と一貫性を軸に、強調してきたはずである。

ところが近年、こうした憲法による統制が著しく形骸化されてきた。それは、自衛隊の海外派遣の拡大や、二〇一四年の集団的自衛権に関する解釈変更そして二〇一五年の安保法制制定に象徴されている。立法府の議論を飛ばして一部の「有識者」による審議会を経て閣議決定してしまうという手法が、とりわけ安倍政権以降、常態化してきた。

そして今回、専守防衛という日本の防衛・安保政策の大原則を本質的に変容させる決定が、それを裏付けるべき民主的政治過程を無視した形でなされようとしている。憲法による国家権力の統制が失われつつあるといわざるをえない。

1―2 戦争の「抑止」ではなく、むしろリスクを高めている

安保三文書の改定について政府・与党は、「抑止力を高める」ためのものだとしている。しかし、これらは実際には、戦争のリスクを著しく高めるものである。

たしかに、北朝鮮による核ミサイル開発、中国による軍備増強や海洋進出は、日本にとって重大な問題である。だが、それらへの日本の対応策が、「抑止力強化」という名の軍備増強や「日米同盟強化」という名の攻撃態勢強化ばかりであるならば、軍事的緊張を高めこそすれ平和的解決は遠のく一方である。北朝鮮や中国の意図や動機をみきわめた外交的対応が不可欠である。

北朝鮮は自らのミサイル発射について、米韓軍事演習への対抗措置だと主張している。日米韓が軍事的圧力を強化し続けるならば、北朝鮮が軍事的挑発を加速させることは必至である。いま求められるのは、北朝鮮をむしろ外交交渉に巻き込んでいくための方策である。

一方、中国の軍備増強は、米中間の戦略的な対立の構図の中で捉えるべきものである。

米国や日本では「台湾有事」を想定した議論が進み、二〇二一年四月の菅・バイデン会談以降、台湾有事を想定した日米共同作戦計画の策定が進められてきた。例年秋におこなわれる日米共同統合演習（キーン・ソード）では今年、沖縄県内でも初めて与那国島の公道を機動戦闘車が走るなど、まさに有事における戦闘が想定されている。

こうした演習を含む日米の言動そのものが中国を刺激し、台湾海峡をめぐる緊張を高めている。日本が米国とともに台湾有事を誘発するような挑発行為をおこない、その結果として自ら戦争の当事国になるリスクを高めるという、負のスパイラルに陥っているのである。

中国は日本の最大の貿易相手国であり、貿易総額は日本の貿易総額の二割以上となる約四〇兆円に上る。中国に進出している日本企業は一万二〇〇〇社、在留邦人は一〇万人を超えている。台湾もまた、第三～四位に位置する日本の貿易相手であり、二万四〇〇〇人の在留邦人がいる。ここで戦争を起こさせないことこそ、日本にとっての最優先課題であるはずだ。

そもそも、台湾海峡をめぐる戦争に日本の自衛隊が参戦するなどということを誰が望むのだろうか。世論調査では、日本の八割の人々が台湾有事に危機意識をもちながらも、そのような事態になった場合「自衛隊が米軍とともに戦う」ことについて賛成は二割、反対は七割以上という結果が出ている【2】。

1―3 東アジアで戦争が起きればどうなるか

それでも今日の軍事的緊張がこのままエスカレートすれば、戦争は現実のものとなる。二〇一五年の安保法制で、この法制の運用は内閣の裁量とされている。軍事的緊張関係を「重大影響事態」に、また米軍の偶発的な衝突でさえも「存立危機事態」として、そして実際に日本との関係で武力が行使されるならば「武力攻撃事態」として認定する権限を、内閣が有しているのだ。

実際に、二〇一七年の朝鮮半島危機に際して、米軍の行動との関係で「重要影響事態」と「存立危機事態」が想定されていたことが明らかとなっている。

そして、今回の三文書改定により、存立危機事態が認定される場合には、自衛の措置として、米国や米軍への攻撃に対して日本の敵基地攻撃能力を用いることができるようになる。他国を防衛するための先制的な武力行使さえ、内閣の判断で可能なのである。

東アジアで戦争が起きたとき、真っ先に攻撃対象となり、戦場となる危険性があるのは、南西諸島（琉球弧）である。かつて沖縄は、日本の本土を守るための「捨て石」とされ、県民の四人に一人にあたる一二万人が命を落とすという凄惨な沖縄戦を体験した。今日、この悲劇を決してくり返してはならない。東アジアの安全保障論議は、南西諸島一五六万人の命と生活という現実をしっかりと見すえたものでなければならない。

さらに、首都圏には、在日米軍の指揮的な機能を担う横田、横須賀といった基地が存在する。したがって、戦争が本格化したときには首都圏が危険にさらされるであろうことを、当然、想定すべきである。

仮に北朝鮮が東京とソウルに核兵器を使用する事態となった場合に、東京では七〇万人が死亡し二五〇万人が負傷、ソウルと合わせると七〇〇万人以上が死傷するとの推計が出ている【3】。

戦争は、取り返しのつかない人道上の惨事をもたらす。多数の人々が命を奪われ傷つき、難民となって海を越えることになる。日本が多数の難民の受け入れを迫られる状況だけでなく、日本からアジア太平洋に避難しなければならない状況も起きうる。当然ながら、海に囲まれた日本からの国外避難は困難を極めるだろう。各地の在留邦人の避難や安全確保といった難題にも直面する。

現代の戦争の特徴は、民間人が犠牲になることである。国際人道法においては、民間人を標的にしてはならないというルールがある。それでもロシアによるウクライナ侵略戦争にもみられるように、現実には無数の民間人が犠牲となっている。今日、情報通信技術やエネルギー基盤などにおいて、軍事と民生の一体化が進んでおり、そのことが民間人の犠牲拡大にもつながっている。

さらには原子力発電所の存在がある。ウクライナにおいて、原発への武力攻撃が核戦争と同等の危険性を生み出している。日本をはじめ東アジア各国がいずれも原発大国であることを考えれば、その危険性はきわめて大きい。

ひとたび戦争となれば、政府や自治体が机上で策定した「国民保護計画」が機能するとは考えられない。数々の自然災害において、同様の避難計画があっても、多大な犠牲や混乱がもたらされてきた。戦争ではさらに制御不能な状況となろう。南西諸島においては、有事において島民がどのように島を脱出するのか、その現実的計画すら示されていない。シェルター建設への動きもあるが、すべての島民を避難させることは不可能である。

東アジアは、人口や産業、経済などさまざまな意味で影響力の大きい地域である。この地域における戦争は、世界の経済、食料そして環境に壊滅的な影響をもたらす。これらのことを考えれば、今日軍事的な「勝利」などというものを想定することじたいに意味がない。

表面的な軍事的「勝利」に焦点をあてて考えたとしても、現在の中国と日本を比べた場合、人口、経済、軍事力などの点で差は歴然としており、日本が中国との戦争に「勝つ」ことは想定しえない。

そして、戦後八〇年近くが経っても日本と東アジア諸国の和解が達成できていない現実をみたとき、アジアで再び戦争を起こすならば、またもこの地域の国際関係は長期にわたり回復困難な状況を抱えることが容易に想像される。そのような負の遺産を次世代に残すことは、決して許されない。

1―4　際限なき「同盟強化」は世界大戦につながる

仮に米国と中国とが軍事的に衝突する事態になれば、それは世界一位と二位の軍事大国の直接戦争を意味する。核戦争へのエスカレートも十分に考えられる。今日のような熾烈な米中対立の中で、日本が「日米同盟強化」一辺倒の姿勢をとり、米国との軍事協力関係の強化につきすすんでいくことは、きわめて危険である。その失敗は、ただちに世界大戦となるリスクと背中合わせだからである。

しかも、現実の戦争状態に至った場合に、米国が日本の人々の命を救うためにどこまでの行動をとるかについては、何らの保証もない。米国が日本を防衛するというコミットメントについては、たしかに、日米安全保障条約上の義務や数々の政治宣言が存在する。それでも現実の戦争を前にしたとき、米国の対応は、当然に米国の利益を中心に決定される。日本においても上述の通り台湾のために戦うという声は少ない中、台湾や日本のために米国軍人が血を流すだろうと想定することにどれほど現実味があるだろうか。米国が、日本や日本の一部地域の人々を犠牲にするという判断をすることは十分にありうる。

それゆえ、今議論しなければならないことは、いかに東アジアで戦争を起こさせないかである。その際、次節以降で述べるように、軍事力を高めてその均衡で戦争を防ぐという政府・与党の議論はきわめて危うい。ウクライナにおける戦争をみて「このような戦争を東アジアで起こしてはならない」と誰もが言う。だが実際に政府・与党がおこなっていることは、そのような戦争の危険性を著しく高めているのである。

安保三文書改定においては、いわゆる抑止が破綻して日本の自衛隊が戦闘することを前提にして、戦闘の遂行や継続の能力を高めるといったことが堂々とうたわれている。だがそのような議論は、戦争が人間、社会、経済、環境に壊滅的な影響をもたらすという現実を無視した空論である。戦争はゲームではないのだ。

私たちは、かつて日本がおこなった侵略戦争をあらためて反省し、それによってもたらされた惨害を想起して、そのような事態を起こさせないための現実的な外交政策を憲法の平和主義に則り構想していく必要がある。

2 「国家安全保障戦略」改定のどこが問題なのか

2－1 敵基地攻撃能力／反撃能力

「反撃能力」という名の敵基地攻撃能力の保有について、政府・与党は「専守防衛の考え方の下」で進めると強弁している。だが専守防衛の肝は、隣国に届く武器をあえて持たないことによって他国への脅威とならないようにすることであった。この日本の防衛・安保政策の大原則が、いま根本から覆されようとしている。

「反撃」というが、そもそも、相手側が攻撃に着手したことをどのように認定するかは曖昧である。それでも「反撃能力」を備えた日本は、相手からの大きな打撃を受ける前になるべく速やかに反撃しようとするだろう。そのような日本の「反撃」を、相手は「先制攻撃」と捉えるかもしれない。

いずれにせよ日本が「反撃」と称して相手国にミサイルを撃ち込めば、当然、日本は報復攻撃を受けることとなる。そこから先はミサイルの撃ち合いの戦争である。政府は、自衛権行使において「相手国兵力の殺傷と破壊を行う場合」は憲法第九条第二項に定める「交戦権の行使とは別の観念」であると強弁している【4】。しかし実態として、それは戦争そのものである。

日本が相手にミサイルを撃つことで、相手からのミサイルの飛来を防げるわけではない。また、飛来するミサイルに対する万全な迎撃体制があるわけでもない。そもそも政府・自民党が敵基地攻撃能力保有論を言い出したのは、ミサイル防衛による迎撃が不十分だからということだった。

双方が「打撃を受ける前に速やかに反撃する」という態勢をとれば、偶発的な発射の可能性も含め、軍事的なリスクは高まるばかりである。双方とも、より高速で強力な攻撃態勢をめざすようになるから、際限のないミサイルの開発・配備の競争となる。

その一方、実際問題としては、移動式のミサイル発射が主流となっている現在、敵の発射基地を正確に探知して撃破することじたいが困難である。日本が誤射をして相手側の民間人を犠牲にする可能性も出てくる。

さらに台湾有事との関係で言えば、中国にとって台湾は「死活的利益」なのであるから、日本が一定程度の敵基地攻撃能力を保有したところで、中国による軍事行動を抑止するものになるはずがない。

一方、敵基地攻撃能力を公式に保有した自衛隊が、日米共同の攻撃作戦計画の下で米軍と分担して攻撃を担う方針が示されていることに注意しなければならない。それは、日本の自衛隊が米軍の指揮下に入って戦争を戦うことを意味する。国家安全保障戦略には、米軍が推進する「統合ミサイル防衛」（ＩＡＭＤ）の導入が明記されようとしており、米軍の指揮下で敵基地攻撃能力が運用される危険性がいっそう鮮明になっている。

２―２ 防衛費倍増

岸田首相は今年一一月、防衛費を二〇二七年度に国内総生産（ＧＤＰ）の二％程度に増額するよう財務相と防衛相に指示した。さらに一二月五日には、二〇二三年度から五年間の防衛費の総額を四三兆円とするよう、両大臣に何の根拠も示さないまま指示した。防衛費の事実上の倍増政策であり、防衛費を抑制してきたＧＤＰ一％枠という政策は完全に撤廃されることになる。

今日世界の軍事費の総額は二兆ドルを超えており、第一位の米国がその三八％、第二位の中国が一四％を占めている。第三位以降はインド、イギリス、ロシア、フランス、ドイツ、サウジアラビア、そして日本は第九位で全体の二・六％を占めている。日本は近年、常に世界の軍事支出国トップ一〇に入っている【5】。

日本は米国、中国に続いてGDP世界第三位の経済大国であり、防衛費GDP二％を実現すれば、憲法九条を持ちながら世界第三位の軍事費大国となる。

コロナ禍や物価高とそれにともなう貧困・格差が拡大する中で、なぜ軍事が聖域とされるのか。財源については、来年の統一地方選挙を意識して、政府・与党内で増税か国債かという議論が続いている。増税への社会的合意を形成することはきわめて困難だろうし、増税は確実に内需を減らし日本の経済力をさらに弱体化させる。

増大させる防衛費の財源を国債に依存するならば、それはすでに膨大な借金を抱えた日本が、少子化の中で将来世代にツケを積み上げることに他ならない。防衛費捻出のための「歳出改革」の名の下に、社会保障、医療、教育など、人々の命と権利のための施策がますます犠牲にされていくことは必至だ。

防衛費増のかけ声の背景に、米国からの兵器購入の圧力があることや、日本の防衛産業によるロビー活動や政治献金がおこなわれていることにも注意を払わなければならない。防衛省が運用する部隊用システムの一者応札の割合が「九割以上」となっていることが指摘されるなど【6】、防衛費には常に不透明性がつきまとう。

今日の敵基地攻撃能力保有が叫ばれた直接の契機は、二〇二〇年に陸上イージス（イージス・アショア）計画が安全性とコスト高によって撤回されたことだった。その陸上イージスは、洋上イージス艦では不十分だからといって始められた計画だった。ところがそれが撤回されると、今度はまた洋上にイージスシステム搭載艦を建造するというのである。この建造費は一兆円に迫ると言われており、「焼け太り」そのものである。この一例だけとっても、防衛費の増額論の前に、その透明性と説明責任の確立こそ急務だといえる。

2―3 武器輸出の全面解禁

自民党は、ウクライナへの防弾チョッキ等の供与を突破口として、侵略を受けている国に殺傷能力のある武器を含む「幅広い分野の装備の移転を可能に」すべきだと主張している。さらに、政府内では、国家安全保障戦略に政府主導での武器輸出推進を明記し、武器の改良や仕様変更の費用の一部を政府が支援する仕組みが検討されている。さらに、武器輸出の用途を「救難、輸送、警戒、監視、掃海」に限定している防衛装備移転三原則の運用指針を改定し、戦闘機やミサイルなど殺傷能力のある大型武器の輸出に道を開くことも検討されつつある。中古武器を無償譲渡する際の制約の撤廃や、共同開発国が第三国に輸出する際に必要だった日本の事前同意を不要にすることも含めて、今まで存在した制約を取り払い、武器輸出の全面解禁が目指されている。

これらが実現すれば、憲法9条の理念に基づく「紛争を助長しない」との原則は完全に消え去り、「メイド・イン・ジャパン」の武器によって他国の人々が殺傷されることが現実となる。紛争当事国に肩入れすることは、日本が紛争の予防や解決の仲介者となるための国際的信用をも失わせる。

2－4 核兵器への依存の強化

岸田首相は「核兵器のない世界」のスローガンこそ掲げてはいるものの、実際は、米国の「拡大核抑止」すなわち「核の傘」への依存を強めている。日本政府は、米国が核兵器の先制不使用政策を採用することに一貫して反対してきており、バイデン政権下においても核の役割低減を阻む側に回ってきた。その結果、二〇二二年版の米国の核態勢見直し（NPR）においても核兵器の先制不使用や役割限定といった政策の採用が見送られてしまった。

ロシアがウクライナ侵略戦争の中で核兵器による威嚇を公然とおこなう中、被爆国である日本には本来、いかなる核兵器の使用・威嚇も許されないと強く主張する国際的責務がある。ところが「核抑止力を中心とする米国の拡大抑止が不可欠」とし、その「信頼性の維持・強化」を米国と緊密に連携して図る（二〇一三年の国家安全保障戦略）という日本政府は、むしろ米国による核の使用・威嚇政策を支える側に回ってしまっている。核兵器の開発、保有、使用、威嚇を違法化した核兵器禁止条約にも背を向けたままである。

2－5 日米一体で進む臨戦態勢

沖縄県では、米海兵隊普天間基地の「移設」を理由に、県民投票や国政・知事選挙などで示された「辺野古新基地建設反対」の民意を無視し、名護市辺野古崎沿岸部を埋め立てる新基地建設が強行されている。かつての核基地・辺野古弾薬庫地区では、五年前から一二の新弾薬庫建設が進み、米専門家からは「沖縄への核再配備」の可能性も指摘されている。一方で、返還されるはずの普天間基地等では高層兵舎や管理ビルなど大型施設の改修・増設が進んでいる。

自衛隊も陸上自衛隊の旅団から師団への格上げも打ち出されるなど、地上戦闘を前提とした部隊再編と敵基地攻撃も可能とする射程一〇〇〇キロを超える長距離ミサイルの配備など軍事力強化の動きが急加速している。

沖縄周辺海域や与那国島、沖縄本島では「キーン・ソード」など実戦を想定した日米欧各国による戦闘訓練・軍事演習が頻発している。有事の際には日米が共同して作戦等を実施するための訓練がおこなわれ、まさに戦争を「継続する」こと（継戦）が想定されている。これに反発した中国が台湾周辺海域へのミサイル発射演習をおこなうなど緊張が高まっている。

かつての特攻基地「鹿屋」の自衛隊基地に今年、米軍ドローン部隊の配備は決まり、馬毛島では航空基地の建設、そして奄美、沖縄本島、宮古、石垣、与那国島を結ぶ「第一列島線」では台湾有事を理由に自衛隊のミサイル部隊の配備が強行されている。南西諸島の要塞化と最前線ミサイル基地化で、逆に「標的の島」化されることへの危機感が強まっている。政府は逃げ場のない島嶼地域の避難計画は困難として「シェルター建設」も想定しているが、「ガマ（シェルター）」で命は守れないことは沖縄戦で経験済みである。

「軍は民を守らない」。これは、沖縄戦の教訓である。台湾有事で、なぜ沖縄が戦場にな
り、県民が犠牲にならなければならないのか。台湾有事を盾に南西諸島で強行される日米
の軍拡は「何から何を守るための軍拡か」との疑問を持たざるをえない。

また、現行の防衛計画の大綱（三〇大綱）では、良好な訓練環境にある北海道において
作戦基本部隊の半数を保持するとされている。そして、とりわけ近年、北海道においても
日米共同統合演習がたびたび実施されるようになっている。二〇二二年一〇月には道内三
か所の自衛隊の演習場を南西諸島に見立てた陸自と米海兵隊による実動訓練がおこなわれ
ており、南西諸島の動きとの連動性が顕著にあらわれるようになった。

2－6 軍事が経済・社会・学術を支配する

近年「国家安全保障」の名の下に、経済・社会のすみずみに軍事が入り込もうとしてい
る。今年成立した経済安全保障法は、民間の経済活動に対して政府が「国家戦略」の観点
から介入、管理する流れを作っている。昨年成立した土地規制法は、自由な経済活動を規
制し、住民運動の監視にも使われようとしている。今年八月に出された防衛省の二〇二三
年度概算要求では、「事項要求」のみならず、すべての金額が隠ぺいされた。安保三文書
改定においては、文書そのものを非公開とする提案まであったほどである。

政府はまた、戦争の反省の上に立ち軍事研究を拒否してきた学術界に対して、軍事研究
を主流化させようという動きを強引に進めている。大学や公的機関の連携による「デュア

ルユース技術の振興」が政府方針として掲げられ、二〇一五年に新設された「安全保障技術研究推進制度」は初年度に三億円だったが、現在は一〇〇億を超える予算が計上されるまでになっている。また「科学技術イノベーション総合戦略二〇一七」で目標とされた「無人化、スマート化・ネットワーク化、高出力エネルギー技術、現有装備の機能・性能向上のための研究開発の推進」が、防衛省が「中長期技術見積もり」で重視した分野と完全に一致していることも注目に値する。

最近では経済安保法に基づき「経済安全保障重要技術育成プログラム」としてさらに巨額の五〇〇〇億円に上る研究公募もおこなわれており、軍事研究のための学園都市構想さえ提唱されるなど、これらの動きは加速する一方である。先端技術の中には軍民両用性をもつものが多く、軍事研究のなし崩し的な解禁は倫理上の重大な問題をはらむ。

こうした動きは、「国家安全保障」や「国家戦略」の名の下で、制御のきかない日本版「軍産学複合体」を出現させる危険性をはらんでいる。

また、近年の地方議会では、熊本県を皮切りに家庭教育支援条例を制定する動きが進められている。そもそも「家庭教育」という言葉は大日本帝国時代の造語であり、学校のみならず家庭でも愛国教育を促進するために進められてきた。二〇〇六年の教育基本法の改定により教育目標の一つとして愛国心を養うことが導入されるとともに、家庭教育に関する条項（第一〇条）が新設された。国家が進める愛国主義教育の強化に注意を払わなければばならない。

3 考え方をどう転換すべきなのか

3－1 軍事力中心主義と「抑止力神話」からの脱却

政府・与党の議論の中心には「軍事力の増強が抑止力を強め、平和を担保する」という考え方がある。しかしこのような軍事力中心主義や「抑止力」至上主義は、きわめて短絡的であり、危険である。

第一に、「安全保障のジレンマ」が軍備競争を加速させることになる。日本が自らの安全保障のためだといってとった措置が他国には脅威に映り、そのことが他国の軍事力増強を促すからである。東アジアは今日、世界的にも軍事支出が顕著な地域であり、近年では軍事支出の伸びが世界のどの地域よりも大きい【7】。軍拡競争は、地域全体を危険に陥れていく。

第二に、抑止力とは、武力行使の脅しによって相手の行動を思いとどまらせようというものであるから、武力による威嚇に限りなく近い概念である。国連憲章や日本国憲法は、紛争解決の手段として武力の行使と威嚇を禁止している。にもかかわらず事実上の威嚇ともいえるような手法が安全保障論議の中心に据えられている状況は、きわめて憂慮すべきである。

軍事的な抑止力は、ごく短期的に安定をもたらす局面があったとしても、本質的に脆弱で危険なものである。誤認や誤算による衝突がいつ起きるとも限らない。持続可能な安全保障のためには、こうした抑止の限界を認識し「抑止力神話」からの脱却をはからねばならない。

第三に、軍事主義（ミリタリズム）と人権、民主主義は相容れない。軍事主義は、政治・経済・社会のさまざまな重要な判断を軍事指導部に委ねようとし、その結果、秘密主義が横行し、民主主義が形骸化する。

軍事主義はまた、国家主義（ナショナリズム）を増幅しながら拡大していく。近隣諸国への憎悪感情を煽るような言論がマスメディアやSNSで広がるようになって久しい。北朝鮮の核・ミサイル実験が報じられるたびに在日コリアンに差別、憎悪、暴力が向けられるという看過できない状況が続いている。国際関係の緊張が高まれば、こうした国家主義的感情が暴走して抑制不能になる危険すらある。

そもそも軍事力で安全を保障するという考えは、抑圧的な力の行使や威嚇を肯定することである。それは、暴力的な力に優位性と「守る」役割を与え（いわゆる「男性性」）、日々の生活の安寧を重視した非暴力的な問題解決（いわゆる「女性性」）を従属させるという権力関係を構築する。軍事力中心主義は、このように、ジェンダー不平等を固定化させ、女性を構造的な劣位に立たせる。軍隊の中でいじめや性暴力が多発するのは、決して偶然ではない。

第四に、軍事力は恒常的な暴力の源となる。軍事基地や弾薬庫などの設置じたいが、騒音や事故、住民監視や自治体行政への介入、兵士による暴力など、さまざまな被害を地域にもたらしている。

第五に、軍事力は、紛争の根本にある問題を何ら解決できない。過去二〇年間の米国による「テロとの戦い」は、イラクでもアフガニスタンでも、暴力を増幅させ、甚大な被害と犠牲の連鎖を生み、失敗に終わった。

紛争の平和的解決は、二つの世界大戦を経て設立された国連の基本原則である。平和を平和的手段によって達成することが、再び安全保障論の中心に据えられなければならない。平和を軍事的手段によって達成しようと声高に叫ぶ者があるとき、その背後にはたいてい、軍事産業など国際関係の緊張から利益を得る者の存在がある。「仮想敵」の危険性を煽動して軍備を増強させることは、歴史上、軍産複合体が自らの利益のためにくり返してきた常套手段であった。

3−2 日本国憲法の基本原則に立ち返れ

日本国憲法は、「政府の行為によって再び戦争の惨禍が起ることのないようにすることを決意」(前文)し、「全世界の国民が、ひとしく恐怖と欠乏から免かれ、平和のうちに生存する権利を有することを確認する」と、いわゆる平和的生存権をうたっている。その上で「国権の発動たる戦争と、武力による威嚇又は武力の行使は、国際紛争を解決する手段としては、永久にこれを放棄」(第九条一項)している。

政府が人々を戦争に導き多くの命が奪われた歴史の反省にたって、平和を人権の問題としてとらえ、権力を制約する構想がうたわれているのである。平和や人権は、持続可能な社会の前提となるものであり、国家安全保障にとどまらない一人ひとりの人間の安全こそが、日本国憲法がコミットする価値である。

日本国憲法がうたう平和的生存権は今日、「誰一人取り残さない」ことを掲げ、貧困の撲滅や保健、教育、気候対策を含む環境、正義と包摂社会などを掲げる国連の持続可能な開発目標(SDGs)とも重なり合う。これらの目標はいずれも、武力紛争の要因を取り除く効果を併せ持つ。

憲法前文はまた「いずれの国家も自国のことのみに専念して他国を無視してはならない」として、普遍的な政治道徳の法則に従うことが「自国の主権を維持し、他国と対等関係に立たうとする各国の責務である」とうたっている。自国中心主義がはびこる今日の世界で、普遍的な国際協調主義の価値を掲げた重要なメッセージといえる。

憲法の下で日本は「専守防衛に徹し、他国に脅威を与えるような軍事大国にならない」ことを基本理念としてきた。それは、国内の実力を統制する根拠であると共に、世界に対する誓約でもあった。それこそが戦後日本が国際社会で信頼をえて、諸国と平和的に共存する基盤になってきたことを忘れてはならない。

憲法の基本原則といったとき、そこには徹底した民主主義的自己統治の原則、一人ひとりの人間の尊厳・権利の保障という側面が含まれている。安全保障の問題にもこれらの原則が貫徹されるべきである。日米の統治エリートの情報独占や密約に依存する「戦略」は民主的正統性が疑わしく、「付随的死者」を想定する「政策」も日本国憲法に適合しない。

3－3「日米同盟」一辺倒から脱し、アジア外交と多国間主義の強化を

戦後日本は、一九五一年のサンフランシスコ平和条約の下で国際社会に復帰したが、一方においては日米安保条約の下で米国に従属し続け、他方ではアジア諸国との戦後和解を十分に果たせないまま今日まで来てしまった。

朝鮮戦争をきっかけに設立された自衛隊は、東西冷戦構造の中で増強されてきた。そして冷戦後は「日米同盟」の名の下で、米国の世界戦略の中での役割を担わされ、その活動範囲は広がり続けてきた。

そして今、日本の防衛・安保政策がさらなる重大な岐路に立たされている。私たちは反省とともに歴史を想起し、アジアの中での日本の立ち位置と、米国との関係について冷静に見定める必要がある。

今日、新冷戦とも呼ばれる米中対立が世界を分断している。しかし「専制主義対民主主義」といった単純な二項対立論に陥って「米中戦争」の片棒を担ぐことが日本の進むべき道だ

ろうか。民主主義や人権、法の支配といった基本的価値は、もちろん、妥協すべきではない。しかし同時に、平和もまた基本的人権であり、紛争を平和的に解決することは国際法の要請でもある。民主主義のためだと称して戦争の準備につきすすんでいくことは、日本が進むべき道ではない。米国への過度な軍事的依存を正し、アジア外交と多国間主義を強化すべきである。

そもそも、平和とは関係性の問題であり、一国で作れるものではない。中国との緊張緩和と関係改善、北朝鮮との国交正常化を含む朝鮮半島との関係の安定化は、日本の社会・経済をより豊かにするものである。

このような観点から、東アジアにおいて敵を作らない「共通の安全保障」をあらためて促進する必要がある。ASEAN（東南アジア諸国連合）やARF（アセアン地域フォーラム）といった枠組みはきわめて重要な役割を果たしており、こうした地域安全保障のアプローチは北東アジアにも生かされるべきだ。その際、必ずしも国境に限定されず、国境をまたいだ社会・経済圏の役割にも注目し、平和的な共生圏を作るという志向が重要である。

今日の国際社会において、国連は依然、きわめて重要な枠組みである。国連の下で国際法による規範を積極的に形成していくことが、民主主義や人権の尊重、平和の促進におおいに資する。こうした多国間主義の強化には、市民社会が積極的に参画することができる。人間の安全保障やジェンダー、マイノリティ、環境、持続可能性などの観点を含めた市民が参画する多国間の安全保障こそ、今日の世界にはびこる自国中心主義や新冷戦思考の対極をなすものである。

4 平和のために何をすべきか——今後の課題

以上のような観点を踏まえて、軍事力に傾斜した「戦争の準備」ではなく「平和の準備」を進めるための諸課題について、以下、提案する。

これらの中には、日本政府がおこなうべきこと、また日本が関係諸国政府と連携しておこなうべきこともあるが、市民が主体となって行動できることも数多く含まれている。

4－1 地域安全保障の課題

①朝鮮半島

- 朝鮮半島の平和と非核化に向けた過去の合意（二〇〇二年日朝平壌宣言、二〇〇五年六者会合共同声明、二〇一八年南北合意と米朝合意など）の履行に向けた外交交渉を再開させること。
- 二〇二三年七月の朝鮮戦争休戦七〇年を機に、朝鮮戦争を完全に終結させ、平和条約の締結をめざすこと。朝鮮戦争を終結させることは東アジアの安全保障環境を根本的に改善し、いわゆる朝鮮国連軍（米軍）を支援してきた日本の政策も変えるものである。
- 北東アジア非核兵器地帯の設立に向けた交渉を開始すること。

●韓国との間の元徴用工問題については、日本の植民地支配が問題の根源であることを直視し、過去の被害をふまえた解決策を探ること。

②日中関係

●中国への「敵視」政策を停止すること。中国を「脅威」と認定することは、敵視することに他ならない。日中国交正常化の共同声明、日中平和友好条約を再確認すべきである。安倍元首相は二〇一八年の訪中で「お互いに脅威にならない」ことで習近平国家主席と合意している。その再確認が必要である。

●首脳レベル相互訪問の早期再開に合意すること。林外相は速やかに訪中を実現し、相互訪問実現にむけた環境整備に着手すべきである。

●「台湾独立を支持しない」と表明すること。これは日中国交正常化の共同声明とこれまでの日本政府の一貫した立場に従うものである。バイデン米大統領も今年一一月一四日の習氏との首脳会談で「台湾独立を支持しない、二つの中国、一中一台を支持しない」ことをあらためて誓約しており、日本も同様の表明をおこなうべきである。そのことが中国に安心を与え、台湾海峡の緊張緩和につながる。

●これら中国との信頼醸成・緊張緩和の措置をとることは、環境問題や人権問題について「譲歩」することを意味しない。環境問題や人権問題については、国連や国際法の枠組みの中で積極的に議論と交渉を進めていく。

●日中間の安全保障対話を進め、緊急時に防衛当局間をつなぐホットラインを開設すること。こうしたチャネルを通じて、中国の軍事力強化の意図を正確に分析・認識することが重要である。
●日中間の軍縮・軍備管理対話を促進し、相互的な軍縮・軍備管理措置を追求すること。

4－2 軍縮・軍備管理の課題

二〇一八年の国連事務総長による『軍縮アジェンダ』は、悪化する国際安全保障環境に対処するためにこそ軍縮が必要であると説いている。効果的な軍縮・軍備管理が国際安全保障に資するという観点から、日本は以下のような施策をとり、また他国を主導するべきである。

①日本の「専守防衛」の堅持と強化
●「攻撃的兵器の不保持」の原則を明確化・厳格化する。
●トマホークを含め「敵基地攻撃能力」を構成し得るあらゆる兵器の購入や開発を中止する。

②緊張緩和と信頼醸成
●辺野古新基地建設と南西諸島への自衛隊基地建設の中止。
●軍事演習禁止ゾーンの設置。
●「専守防衛」を在日米軍の戦力制限・削減にまで波及させるための取り組み。

③核・ミサイルの軍縮の促進

●核兵器の先制不使用を米国をはじめ核保有国に働きかける。

●核兵器禁止条約への署名・批准と、東アジア諸国へのその働きかけをおこなうこと。そのために、まずは同条約締約国会議にオブザーバー参加すること。

●中国を組み込む形で、かつてのＩＮＦ（中距離核戦力全廃）条約のような、実効性ある軍備管理・軍縮条約を東アジアにおいて実現することを主導する。

④国際人道法の遵守

●国家安全保障戦略の中に「国際人道法の遵守」を明記し、そのことによって日本の武器・装備や軍事行動を国際法に沿う形で規制・自制する。

⑤新技術と武器の規制

●サイバー、宇宙など、新しい軍事領域における国際法規範の策定を主導する。

●ＡＩ（人工知能）、ビッグデータなど、新技術の軍事利用に対する厳しい規制作り。防衛省がＡＩを使った世論工作の研究に着手したことが報道されているが、このようなことを国内・国際的に許さない仕組みを作る。

●日本のＩＴ、ＡＩ、ロボット技術を軍事利用させない原則の確立。

●イスラエルなどの自爆型ドローンの導入検討を中止し、武装ドローンなど無人機の規制を進めること。説明責任を明確化する。

●国際的な武器取引の規制を強化しつつ、日本としては、国際紛争を助長しないとの観点に立った武器輸出禁止原則をあらためて採用すること。

4―3 市民が参画する新たな安全保障

戦争を起こさないこと、そして人々が平和に生きる権利を保障することが政府の最大の役割であるとするならば、その土台となる平和的な共存関係を社会の中につくり出すことは、市民が果たすべき重要な役割である。市民の参画を通じた、安全保障の新たな手法と概念を発展させていく必要がある。

①軍事力に依存しない安全保障のための連携

●SDGsと安全保障に関する議論の発展。

●災害など、人間の安全保障分野での地域協力。「東アジア災害救助隊」の創設。

●軍備の透明性、軍縮措置に対する検証能力の開発・強化。

●気候危機、感染症・パンデミック、生物多様性などの多国間の取り組みの促進。

●軍縮の促進や地域安全保障・信頼醸成のための国連機関や国際機関を、沖縄、広島、長崎などを候補地として日本に誘致する。

②紛争の要因に対処する社会・経済政策

●すべての人のベーシック・ニーズの充足。社会保障や教育など人々の実質的な安心・安全に資することへの資源投入。

●性差別やレイシズムのような差別・暴力をなくすための取り組みの促進。
●脱植民地主義の取り組みの促進。
●ジェンダーの視点、マイノリティなど脆弱な立場に置かれてきた人々の視点を取り入れ、非暴力的な社会の構築をめざした議論と市民的運動を活性化させる。

③市民社会の越境と連携の強化

●対中国、対朝鮮半島、対ロシアなど、国家間の紛争を抱えた地域における民間主導の対話プロジェクトの活性化。また、自治体外交の促進。
●沖縄、台湾、中国・福建省との間の「沖縄対話プロジェクト」や「ノーモア沖縄戦」など民間レベルでの軍拡阻止、紛争予防、対話強化の取り組みの促進。
●武力紛争予防のためのグローバル・パートナーシップ（GPPAC）などを通じた地域の平和対話の促進。
●日本の市民が主導して、諸国との対話や共通の政策論議に取り組み、市民レベルで敵意の克服と信頼醸成を進めることに取り組む。

おわりに

この提言文書においては、基本的な考え方と、とるべき政策の方向性を示すことに注力した。とくに第4節「平和のために何をすべきか――今後の課題」は、主要な課題を列記するに留めた。前文でも触れたように、今後、国会議員、政党、政府関係者、研究者、ジャーナリスト、NGO活動者らによって、これらの議論がさらに深められ行動に移されることを期待する。

また、本文書内でも示しているとおり、国境を越えた市民社会の連携はきわめて重要である。今後、この提言文書の内容を適宜翻訳し、東アジア諸国および米国、ロシアの市民社会に示し、議論を促していきたい。

1 二〇二二年一一月二二日、「国力としての防衛力を総合的に考える有識者会議」報告書。
2 二〇二二年一一月一二日、公益財団法人新聞通信調査会の世論調査結果。
3 二〇一七年一〇月四日、38ノース、"A Hypothetical Nuclear Attack on Seoul and Tokyo: The Human Cost of War on the Korean Peninsula"
4 令和四年版防衛白書
5 ストックホルム国際平和研究所（SIPRI）Military Expenditure Database.
6 二〇二二年一一月二九日、財政制度等審議会「令和五年度予算の編成等に関する建議」。
7 二〇二二年四月、ストックホルム国際平和研究所、SIPRI Military Expenditure Database.

平和構想提言会議メンバー
青井未帆（学習院大学教授）＊
秋林こずえ（同志社大学大学院教授）
池尾靖志（立命館大学）
内海愛子（恵泉女学園大学名誉教授）
岡田充（ジャーナリスト）
川崎哲（ピースボート共同代表）＊
君島東彦（立命館大学教授）
清末愛砂（室蘭工業大学大学院教授）
佐々木寛（新潟国際情報大学教授）
申惠丰（青山学院大学教授）
杉原浩司（武器取引反対ネットワーク（ＮＡＪＡＴ）代表）
谷山博史（日本国際ボランティアセンター（ＪＶＣ）前代表理事）
中野晃一（上智大学教授）
畠山澄子（ピースボート）
前泊博盛（沖縄国際大学教授）
（計一五名、敬称略、五〇音順。岡田充氏は二〇二四年四月に故人となられた）
＊印の二名が共同座長。

【声明】「戦争の時代」を拒み、平和の選択を

（二〇二三年一二月一一日）

「安保三文書」から一年

政府が国家安全保障戦略をはじめとする安全保障関連三文書（「安保三文書」）を閣議決定してから一年が経とうとしている。閣議決定の直前に、私たちは、「戦争ではなく平和の準備を――〝抑止力〟で戦争は防げない」と題する平和構想提言を発表した。私たちはその中で、敵基地攻撃能力の保有や防衛費倍増を含む一連の政策が、日本国憲法の平和主義の原則を逸脱し、周辺諸国との関係を悪化させ、軍拡競争を助長させるきわめて危険なものであると指摘した。そして、こうした「国のかたち」そのものを転換させるような決定が憲法の下での民主的手続きを経ずに強行されていることに強く異議を申し立てた。

「戦争する国家」へ突き進む日本

それから一年の間に、「安保三文書」の下で、岸田政権は大軍拡政策を次々と進めてき

た。巡航ミサイル「トマホーク」を最大四〇〇発購入することを決め、うち半分の配備開始を二〇二五年度に前倒しした。防衛費は、二〇二四年度予算案で七・七兆円計上された。これは二〇二三年度と比較して一七%、二〇二二年度と比較して四二%増である。物価高が人々の生活を脅かすなか、財源の議論さえ置き去りにしたまま軍事が聖域になっている。円安の影響で、米国からの武器購入費や国産武器の開発費は増額しており、さらに膨張する可能性もある。

今年（二〇二三年）六月には、「防衛基盤強化」の名の下で、国が軍需産業を育成する法律が野党の一部も賛成して成立した。日英伊で共同開発する次期戦闘機を第三国輸出することも視野に、殺傷武器の輸出解禁に向けた与党密室協議が大詰めを迎えている。

沖縄・石垣島には陸上自衛隊駐屯地が開設され、住民からの反対や不安の声をよそに、敵基地攻撃能力をもつミサイルの配備が進められようとしている。今年一〇月には、過去最大規模の日米共同実動訓練「レゾリュート・ドラゴン23」が沖縄県の与那国駐屯地から北海道の矢臼別演習場にいたる日本国内八カ所の演習場で行われた。日米一体で、まさに「戦争の準備」が進められている。

立憲主義の危機と社会の軍事化

こうした防衛・安保政策の大転換について、政府はもはや憲法との関係を論じようとすらしない。メディアの多くも、議論することを放棄して現状追認の報道に終始している。憲法により権力を統制するという立憲主義は、瀕死の状態である。

その一方で、社会の軍事化というべき動きが次々と進んでいる。全国の空港や港湾では、防衛力強化のためとして、平時から自衛隊が訓練で利用できるよう整備する動きがあり、全国で三八施設が対象となると報じられている。土地利用規制法においては、対象地域の指定にあたり、政府が自治体側に「密告」ともいうべき情報提供を求めていることが明らかになった。

政府は、大学や学術界に対して軍事研究を行わせるための圧力を一層強めている。また、「経済安全保障」の名で「セキュリティ・クリアランス」（適性評価）導入のための法改定が準備され、企業や個人に対する国家による監視と管理の強化が進められている。

広がる戦争と国際法の危機

世界では、ロシアによるウクライナへの侵略戦争が続き、イスラエルはガザ地区への無差別攻撃を行っている。こうして、無数の民間人が命を奪われ傷つけられている。元来、国家は武力の行使や威嚇をしてはならず、紛争は平和的に解決しなければならないというのが国連憲章の定めである。そして戦時においても、民間人を標的にしてはならないというのが国際人道法の定めである。これら国際法の基本原則をことごとく無視した横暴が繰り広げられている。

米国を中心とするいわゆる西側諸国は、ロシアによる国際法違反は厳しく非難しながらイスラエルに対しては即時停戦すら求めようとしていない。このようなあからさまな二重基準が、国際社会における法の支配そのものを揺るがしている。

今日世界で広がる戦争は、国際法秩序の揺らぎと共に、米国の覇権的影響力が弱まっていることも反映している。こうした中で日本が、世界を「西側」対「それ以外」の単純な二項対立でとらえ、米国との「同盟強化」一辺倒の外交政策をとり続けていることは、きわめて危険である。

二〇〇一年の「9・11テロ」に始まった米国中心の「対テロ戦争」は、二〇年を経て、失敗に終わった。軍事力は万能ではなく、戦争は問題を解決しないというその教訓を、決して忘れてはならない。

平和を選択せよ

一年前私たちは「戦争ではなく平和の準備を」と提言したが、それ以来世界は、戦争の準備どころか、「戦争の時代」へと突入する勢いである。このままでは、私たちが暮らす東アジアも、破滅的な事態を迎えかねない。

かつての二つの世界大戦を経て、国際社会は、戦争を回避するためのさまざまな規範を作り上げてきた。これらを無にしてはならない。今日でも、軍縮や信頼醸成、予防外交など、武力によらずに平和を構築する試みは続いており、さらに強化されなければならない。

その一例として、二〇二一年に発効した核兵器禁止条約が挙げられる。同条約にはすでに世界の約半数の国が加わっている。今月初めに閉幕したその第二回締約国会議は、核抑止力に依存した安全保障からの転換を求める成果文書を採択した。「抑止力」を再検討する試みが、国際社会において進んでいるのである。

市民レベルにおいては、沖縄や台湾海峡を挟んだ対話、南北コリアを含む北東アジアのNGO対話、平和のための女性たちの対話と連帯など、さまざまな取り組みが進められている。

軍拡を押しとどめ、軍事力強化を平和外交に転換させ、資源を軍備から人々の命と暮らしへと振り向けなければならない。そのために、私たちは日本政府に以下の取り組みを求めると共に、国会での真摯な議論を期待する。

●防衛・安全保障政策の決定プロセスを民主化すること。与党・政府の密室協議での決定は許されない。国会での徹底的な審議、政府による説明責任、市民社会に開かれた熟議によって、昨年来の数々の軍拡政策を見直すこと。

●東アジアの軍事的緊張を緩和し信頼を醸成するための対話を促進すること。国家レベル、自治体レベル、議員レベル、そして市民社会レベルのそれぞれの取り組みが必要である。

●憲法前文が定める「全世界の国民が、ひとしく恐怖と欠乏から免かれ、平和のうちに生存する権利を有する」との原点に立ち、平和主義を堅持し、国際法の普遍的適用を求めること。とりわけ今日のウクライナやガザにおける戦争犯罪やジェノサイドを許さない姿勢をとり続けるべきである。

平和への議論の共有を
——あとがきにかえて

平和構想研究会

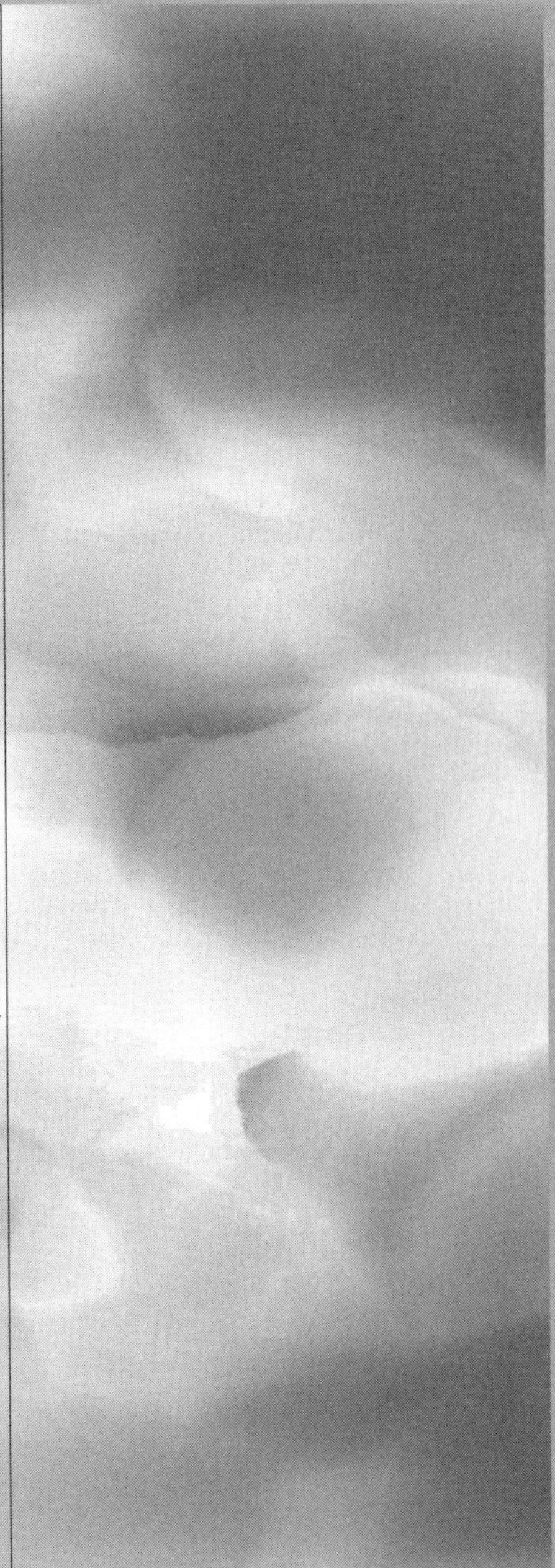

本書のタイトル『戦争ではなく平和の準備を』とは、二〇二二年一二月一五日に公表された「戦争ではなく平和の準備を――〝抑止力〟で戦争は防げない」という平和構想提言のタイトルに由来する。

この提言を発した平和構想提言会議の共同座長が、本書の編者でもある川崎哲と青井未帆である。そして同会議の事務局を務めたのが平和構想研究会であり、本書の企画段階から関わってきた立場から、「あとがき」を書いておきたい。

本書出版（二〇二四年七月）のちょうど一〇年前、安倍晋三首相（当時）は、集団的自衛権の行使を可能とする憲法解釈の変更を、閣議決定によって行なった。これは戦後日本の軍事政策の大転換であると同時に、憲法規範をゆるがし、そして国会のあり方にも悪影響を及ぼした決定であった。

その閣議決定の前、二〇一四年五月一五日、首相の私的諮問機関である安保法制懇が憲法解釈の変更を求める提言を提出し、安倍首相（当時）も同日の記者会見で、集団的自衛権行使容認に向け、憲法解釈を変更する考えを表明した。私たち平和構想研究会は、もともとこの動きに対して危機感を覚えた研究者、ジャーナリスト、弁護士、NGO関係者ら有志が集まる形で、二〇一四年五月に「集団的自衛権問題研究会」（代表：川崎哲）として出発した。それ以来、『世界』（岩波書店）への寄稿、ウェブ等の独自媒体での発信、議員会館での集会、市民向けの学習会など、私たちのできる範囲で、「戦争の準備」を進める政府に対して警鐘を鳴らすべく、活動を続けてきた。
この一〇年の間に起きたことの意味を考えるため、集団的自衛権問題研究会として最初に発表した文章の一部を引用しておこう。

憲法解釈の変更で集団的自衛権の行使を容認することは、第一に、立憲主義に対する深刻な挑戦である。第二に、専守防衛に徹し、自衛のために必要最小限度の防衛力を持つが軍事大国にはならないとする日本の基本政策を大きく変質させる。周辺諸国の政策にも少なからぬ影響を与える。第三に、事実上、米国が主導する戦争に日本が参加していくことを意味する。戦争放棄を掲げた「平和国家」日本の根幹を変えるものと言える。
(集団的自衛権問題研究会「集団的自衛権──事実と論点(上)」『世界』二〇一四年七月号、引用部分は川崎哲の執筆)。

本書の各論考から明らかなように、「立憲主義に対する深刻な挑戦」は深まるばかりであるし、もはや「必要最小限度の防衛力」を踏み越えて軍拡に進むプロセスへと入り、周辺諸国にも影響を与える段階に入っている。そして、米国主導の戦争に関わっていく準備をしているだけでなく、台湾有事をめぐって日本側がアメリカをたきつけているという懸念すら出ている。一〇年間に書いた懸念がその方向にまっすぐに進み、しかも一〇年前の状況が遠い昔に思えてしまうほどに、「戦争の準備」が進んでいる。

翌二〇一五年の安保法成立後も、軍事強化の動きは着実に進んだが、とりわけ、ここ数年の動きは激しい。国際法上きわめて問題の大きい敵基地攻撃能力について、政府が導入の動きを見せる中、私たちは「集団的自衛権問題」という限定を取り払い、より積極的に平和への構想を市民的立場から練り上げていくため、二〇二一年一〇月、同研究会を引き継ぐ形で平和構想研究会を発足させた。

二〇二二年には、「反撃能力」と言いかえた上で敵基地攻撃能力を行使可能にするよう政府に求める動きを自民党が見せる中、平和構想研究会では、政府による軍拡を批判しつつ、軍事力によらない安全保障、日本国憲法のもとで政府が本来追求すべき外交等を通した平和の構想を打ち出すべきだという形で議論がまとまった。そこで、私たちは「平和構想提言会議」の立ち上げと結集を呼びかけ、ピースボート共同代表の川崎哲と、安全保障問題に詳しい憲法学者である青井未帆が共同座長となった。

政府が、従来の安保三文書を改訂し、敵基地攻撃能力の保持と大規模な軍拡に向けた路線を打ち出すことがほぼ確実な見通しとなったため、その公表と同じ一二月にぶつける形で出した提言が、本書収録の「戦争ではなく平和の準備を——〝抑止力〟で戦争は防げない」である。また、その一年後、二〇二三年一二月には、同じく本書に収録した「『戦争の時代』

を拒み、平和の選択を」という文書も公表した。

今の日本で平和主義を実現するためには、政府の行動に対する個々の具体的な批判を積み重ねるだけでなく、政府の進む方向に対する大局からの批判とオルタナティブの提示が必要とされる。平和構想提言会議が出した提言は多くの反響を呼んだが、さらに内容を掘り下げて議論を進めるべき論点も多い。

そこで二〇二四年二月に開催された平和構想研究会において、あらためて、①現在起きている日本の軍拡の動きを総括的に批判し、②外交努力や諸外国との交流、市民社会の力による私たちの平和構想を具体化していく、という二つの柱を軸に書籍を出すことに意見がまとまった。この企画意図に賛同する執筆者、具体的に言うと平和構想提言会議のメンバーや公開研究会で講師を務めていただいた方々、平和構想研究会のメンバーなどに声をかけ、今回の出版に至った。実際に執筆依頼を行なったのは三月に入ってからであるから、ほぼ「緊急出版」と言っていいほどの短時間で出版にこぎつけた。執筆いただいたみなさまには、あらためて感謝の思いしかない。

これだけの短時間で本書が世に出たのはやはり、集団的自衛権問題研究会の時期から常に研究会とともにあった編集者、熊谷伸一郎氏の力が大きい。岩波書店『世界』編集部にいた時期から重要な役割を果たし、現在、地平社を立ち上げたばかりの多忙な時期にもかかわらず労力を割いてくれたのは、「今これを世に問わなければ」という思いを執筆者や本研究会と共有しているからである、と本人に代わって断言しておこう。

最後に、読者のみなさまと共有しておきたいことがある。ウクライナやガザのように国際社会が注目する地域に限らず、イエメンやサハラ周辺地域など、世界で戦争・武力紛争が現在も続いている。しかし、「戦争が当たり前の世界」を止めるために、市民が考え、動くことで、その「当たり前」を、戦争のない別の「当たり前」の世界に変えていきたいという思いを、この本の制作に関わった人間は根底に持っている。そのために議論を積み上げ、ことばにし、本書が編まれた。

現在の日本政府が進める軍拡の動きを「おかしい」と感じている人は少なくないはずである。だが、それに比して、今の動きを批判的にとらえる出版物はあまりに限られている。少しでも多くの人の手もとにこの本が届くことが、執筆者にとっても、そして地平社にとっても、望ましいことである。手に取った方の中で、本書の内容が世の中に必要だと思ってくれた方がいれば、それ自体が私たちの喜びであるし、さらに可能であれば本書とその内容について、周囲の人々と共有し、議論を進めていただければ幸いである。

二〇二四年七月七日

平和構想研究会

執筆者紹介

*

池尾靖志（いけお・やすし）

立命館大学非常勤講師。専門は国際関係論、平和学。著書に『自治体の平和力』（岩波ブックレット）等。

*

猿田佐世（さるた・さよ）

新外交イニシアティブ（ND）代表。弁護士（日本・ニューヨーク州）。立教大学講師。著書多数。

*

今井高樹（いまい・たかき）

日本国際ボランティアセンター（JVC）代表理事。NGO非戦ネット呼びかけ人。

*

山田 朗（やまだ・あきら）

明治大学文学部教授。日本近現代政治史・軍事史。著書に『軍備拡張の近代史』（吉川弘文館）等。

*

秋林こずえ（あきばやし・こずえ）

同志社大学グローバル・スタディーズ研究科教授。ジェンダー研究・平和教育研究。

*

杉原浩司（すぎはら・こうじ）

武器取引反対ネットワーク（NAJAT）代表。共著に『亡国の武器輸出』（合同出版）。

*

堀 芳枝（ほり・よしえ）

早稲田大学社会科学総合学術院教授。編著に『学生のためのピース・ノート』（コモンズ）等。

*

君島東彦（きみじま・あきひこ）

立命館大学国際関係学部教授。専門は憲法学、平和学。著書に『平和学を学ぶ人のために』（世界思想社）等。

川崎 哲（かわさき・あきら）
ピースボート共同代表。核兵器廃絶国際キャンペーン（ICAN）国際運営委員。平和構想提言会議共同座長。著書に『核兵器　禁止から廃絶へ』（岩波ブックレット）など多数。

＊

青井未帆（あおい・みほ）
学習院大学大学院法務研究科教授。専攻は憲法学。平和構想提言会議共同座長。著書に『憲法を守るのは誰か』（幻冬舎新書）、『憲法と政治』（岩波新書）など多数。

戦争ではなく平和の準備を

2024年7月31日──初版第1刷発行

編著者……………川崎《かわさき》　哲《あきら》＋青井未帆《あおいみほ》

発行者……………熊谷伸一郎

発行所……………地平社
〒101-0051
東京都千代田区神田神保町1丁目32番 白石ビル2階
電話：03－6260－5480（代）
FAX：03－6260－5482
www.chiheisha.co.jp

デザイン・組版……赤崎正一（組版協力＝国府台さくら）

印刷製本…………中央精版印刷

ISBN978-4-911256-11-4

地平社　乱丁・落丁本はお取りかえします。